我
们
一
起
解
决
问
题

The Leader's Guide to Resilience

How to Use Soft Skills to Get Hard Results

韧性领导力

［英］奥黛丽·唐（Audrey Tang） 著

魏　颖　译

张　璐　审校

人民邮电出版社

北　京

图书在版编目（CIP）数据

韧性领导力 /（英）奥黛丽·唐（Audrey Tang）著；
魏颖译. -- 北京 : 人民邮电出版社，2023.6
ISBN 978-7-115-61073-7

Ⅰ. ①韧… Ⅱ. ①奥… ②魏… Ⅲ. ①领导学 Ⅳ.
①C933

中国国家版本馆CIP数据核字(2023)第004518号

内 容 提 要

无论生活向你抛来什么，韧性是复原的关键。在不断变化和充满挑战的世界中，个人、团队、企业和社会都需要积极建立韧性，它是持续成长的核心。

本书分为两篇，第一篇着重介绍如何成为富有韧性的人，第二篇介绍如何塑造富有韧性的组织。心理咨询师、领导力培训师奥黛丽·唐提供了清晰、有效、实用的方法、工具与技巧，以帮助个人应对压力和倦怠，实现自我发展，成为有竞争力的职场人；同时帮助企业吸引、留住富有激情和灵活性的员工，实现可持续发展。

本书适合所有职场人士，尤其适合组织领导者、团队管理者、企业决策者阅读。

◆ 著 ［英］奥黛丽·唐（Audrey Tang）
      译 魏 颖
      责任编辑 田 甜
      责任印制 彭志环

◆ 人民邮电出版社出版发行 北京市丰台区成寿寺路 11 号
邮编 100164 电子邮件 315@ptpress.com.cn
网址 https://www.ptpress.com.cn
北京鑫丰华彩印有限公司印刷

◆ 开本：880×1230 1/32
印张：7.75 2023 年 6 月第 1 版
字数：180 千字 2023 年 6 月北京第 1 次印刷
著作权合同登记号 图字：01-2021-4399 号

定 价：59.80 元
读者服务热线：（010）81055656 印装质量热线：（010）81055316
反盗版热线：（010）81055315
广告经营许可证：京东市监广登字 20170147 号

目 录

第二篇   塑造富有韧性的组织

引言

　　世界总是充满挑战，它正在以越来越快的速度发展，环境和社会问题日益凸显，成功的组织需要以一种变革性的方式驾驭风暴，乘风破浪，进而得以生存和发展。

　　作为一名发展培训师和教练，我的职责是教授企业和个人如何具备韧性，以提升绩效、增强领导力。这不仅是因为我看到了韧性的价值，还因为我看到了，如果你在日常生活中应用某些指导原则，那么你可能会成为更有心理韧性的人。

　　韧性通常被人们理解为一个人应对困难和承受压力的能力，同时也意味着一个人具备的坚韧精神，拒绝在压力下屈服。"韧性"（resilience）一词源于拉丁语 resiliens，意思是弹性、反弹、反冲。现在它已经被应用到许多思想流派中，含义更加丰富，例如：

- 表现出力量和灵活性，同时表现出最轻微的不正常行为；
- 通过自我修复来恢复应对困难和承受压力的能力，并变得更强大；

- 接受并成功地应对逆境，在压力下生存并克服压力；
- 承认痛苦并容忍它；
- 使大型团体或社区结构化，进而更好地抵御逆境。

日本学者西川（Nishikawa）总结了一个简单的模型，他将韧性的概念分为三个部分：

- 生存；
- 复原（或重建）；
- 蓬勃发展。

该韧性模型如图 a-1 所示，本书即是以该模型为出发点，将韧性总结为一个人能够度过三个低谷期的能力。当处在这三个低谷时，一个人必须生存、复原（或重建）并蓬勃发展。

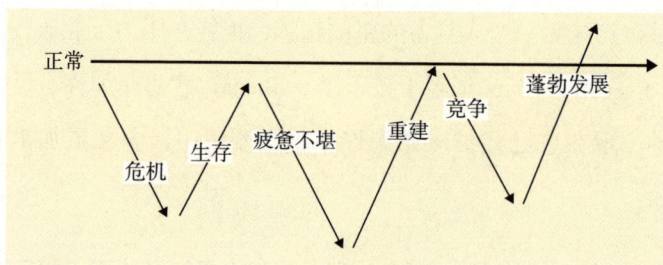

图 a-1　韧性模型

要走出低谷，唯一的办法就是做好准备。这就像体能一样——韧性不是最终的测试，而是在你需要证明自己的价值之前，早就做好了的准备。

此外，我们需要不同的精神和情绪耐力来缓冲每一次的跌落。

在危机时期，为了生存，一个人必须足够灵活，具有较强的适应性，能够与人协作，愿意学习新技能。为了能够从疲惫不堪中恢复和重建，一个人必须有信心。这意味着，即使你被压垮，也要有足够的力量坚持下去；这也意味着，你要知道自己能做到，因为你必须做到，即使不再有人支持你，你也要继续。为了成长，你必须面对竞争、嫉妒、背叛；你必须保持专注；你必须能够驾驭那些试图强迫你向他们认为正确的方向前进的人发出的"噪声"。

虽然每个时刻的心理挑战都是不同的，但传达的信息是一样的——你需要不断锻炼自己的能量"肌肉"，这样你才能应对困难与压力。

本书为你和你的团队提供了在职场和生活中面临挑战时能够生存下来的可行方法，以及恢复、重建和扩充资源的途径。本书可以帮助你和你的团队抵御逆境、从逆境中反弹，进而实现真正的成长。

韧性模型

2020 年，我学到了一件事——那些在情绪和心理上都健康的人，能更好地应对危机。

危机往往是已知的敌人，虽然补充能量并没有什么坏处，但在危机时刻，肾上腺素更有助于人的生存。危机越严重，社会各界的支持就越多。在我们克服了危机后，最艰难的磨炼才会到来。

暴风雨过后是平静，而这才是最困难的部分。那些在前线的人已经筋疲力尽。人们面临着债务、绝望、损失和创伤等形式的破坏，同情心也正在枯竭。当社交和支持越来越少时，你需要重新振作起来。

当一切恢复正常时，你将面临第三次冲刺——蓬勃发展。

如何阅读本书

第一篇以你为中心，为你提供了在面临挑战时生存、复原和蓬勃发展的方法，以及在机会出现时如何抓住它们。

第二篇介绍了在你所处的团体内建立韧性的原则。

本书结语进一步提醒读者如何保持这种韧性和蓬勃发展的势头，特别是在一个充满不确定性的世界里。

你必须武装起来，因为建立韧性需要采取行动。换句话说，光有想法是不够的，你还要采取行动，否则即便你掌握再多的理论，也无法实现真正的自我成长。

采取行动

在本书中，我将提出一些可能与你的常规做法不同的想法或行动，并鼓励你对不同的选择进行思考。我会鼓励你反思，对你自己、你的团队和你的组织运作提出问题。你会得到我的一些建议，也会建立自己的个人、专业和组织优势，并通过不断练习来解决那些薄弱的环节。虽然增强实力不容易，但这么做是值得的。

开启韧性模式

本书每章的结尾都设有一个"工具包"版块，它会帮助你将所学知识应用于实践。现在就考虑尝试一下吧！

采取行动（ADOPT）

A：行动（Act）

D：应对（Deal）

O：优化（Optimise）

P：准备（Prepare）

T：蓬勃发展（Thrive）

行动：主动出击，而不是让生活左右你，你拥有选择权。打个比方，你不仅可以拥有自己的故事（无论它是什么），还可以把它写出来，然而，你首先得拿起笔。有时候，你在情绪、精神或身体的僵局中，可以做的最有影响力的事情之一就是做一些事情，它可以是任何不同于你习惯做的事情。即使在最糟糕的情况下，也有可能出现一种结果。那么，是什么阻止了你尝试做不同的事情，进而难以使钟摆摆向对你有利的方向呢？在较小的范围内，阻碍我们前进的是我们给自己设定的界限（通常是假想的）——我们怎么知道某人不喜欢做某件事，或者某件事会出现问题呢？为什么不积极主动地去了解呢？

实践

如果你发现自己在某件事上兜圈子，那就尝试做一些不同寻常的事情，哪怕只是简单地停下来，如果你通常会投入战斗的话。

应对：拖延并不总是有益的。经过深思熟虑的延迟可能是必要的，但通常在小问题出现时，及时处理它们会更有效。

实践

如果有一件事是你一直在拖延的，那么现在就去做吧！

优化：照顾好你的身心健康，这样你才有足够的能量去面对生活抛给你的一切。关心别人并不能成为你不关心自己的借口，试着以最有效的方式为自己充电。当我像一个外向的人一样充电时，以及当我和我爱的朋友、家人在一起时，我就会充满活力。如果你是一个内向的人，那么就享受独处的时间，哪怕只是一次快走或做几次深呼吸。如果你想和爱的人共度美好时光，那么就不要在这个时候使用手机。如果你要重建一些东西，那么就反思是哪里出了问题，并找到改善的方法。优化你的工作和生活可以给你带来更大的成就感，以及更积极的成果。当我精力充沛时，工作就会更高效！

实践

无论你选择做什么，都要竭尽所能。如果这意味着你要对自己的选择进行权衡，决定与谁共度时光，决定做什么，那就去做吧！我还创建了一本"健康相册"。当我做一些让自己充满活力的事情时，我都会拍下照片，当我需要额外的动力时，我就会回头看看这些照片，然后微笑。这是一本让人感到非常快乐的相册，你可以试试！

准备：始终追求卓越（而不是完美）。虽然我经常提倡积极的方法，有时候，有一个"B计划"（或C计划、D计划等）是很重要的。不要担心事情会出错，而要考虑出错时的选择，并确保自己已经尽可能地做好了准备。

> **实 践**
>
> 多花点时间仔细检查你要发送的电子邮件或文件。

蓬勃发展：这不仅是为了生存，也是为了蓬勃发展！韧性不仅是指在危机来临前养成健康的习惯，还要播下种子，使自己能够绽放。这意味着，要让自己周围的人和事物能够带给你力量，允许并鼓励你成长。

> **实 践**
>
> 将感恩作为改善你生活的一种方式。每天记下你希望感激的三件事或三个人，并在周末留意一下哪些事情会经常出现。花更多的时间来孕育你生活中的这些元素。这种孕育的行为可能会激发你更好地管理那些更常规的职责和责任！

以上五种简单的方法都有助于你在危机发生前建立韧性，并选择健康的应对措施。这并不是说危机不会发生，但当韧性成为你日常生活的一部分时，你就会更有能力生存、复原和蓬勃发展。情绪及心理健康与身体健康一样，需要锻炼，而最好的时机是在你容易做到的时候。

　　本书的一些内容第一次使用就会奏效，它们可能会成为你的"必修课"，而有些内容可能不会，但这并不意味着它们将来不会，你只需要选择适合自己的方式。这意味着，你必须积极地、深思熟虑地建立和检验自己的优势。

　　韧性和蓬勃发展不是从无视可能给我们带来痛苦或困扰的事情开始的，而是从接受和学习开始的。不要忘记你是谁，但要清楚，如果环境发生了变化，过去对你有好处的策略和行为可能不再有效。虽然它们构成了你生存的基础，但你要为新的东西腾出空间，这样你才能享受生活。

　　韧性不是新事物，也不是你需要补充的品质，它已经在你体内了。它可能需要被发掘、培养，或者可能需要被修复，但它的潜力存在于我们所有人身上，不要给自己设限。

　　你准备好成长了吗？

第一篇

成为富有
韧性的人

THE LEADER'S GUIDE TO
RESILIENCE

第 **1** 章

如何成为有韧性的人

根据如下问题回答：总是、有时或从不。

你会这样吗？

> 尽可能地避免冲突。

> 发现很难设定界限。

> 只尝试你知道自己会成功的事情。

> 在恋爱时感觉最舒服。

> 总是原谅他人，即使他人的行为伤害了你。

> 认为自己被利用了。

> 优先考虑他人的需求，而不是自己的需求。

如果你的答案中"总是"偏多，那么你倾向于更多地考虑他人的需求，而不是自己的需求。你甚至可能觉得这样做更舒服，或者你认为自己是否快乐取决于他人是否快乐。

　　如果你的答案中"有时"偏多，那么你可能会在与他人的互动中保持平衡——给予和接受，正如你所希望的关系所表现的那样。

　　如果你的答案中"从不"偏多，那么你可能会非常专注于保护自己的需求和情绪（因此你可能最需要阅读本章，不过它对那些选择"有时"或"总是"偏多的人来说也是一个有用的提醒）。

　　虽然一个简短的测验不能代替正式的评估，但这个简单的思维练习可以鼓励你更好地意识到你在自己的世界中是如何看待自己的。答案并不是固定的，更不具有预测性，但如果你的自我意识太低，以至于你经常试图取悦他人，或者你的自我意识太强，以至于你主要是为了取悦自己，那么这对于培养韧性都是无效的。通过塑造自我，你可以更容易地帮助他人，建立韧性也是基于这样的基础——塑造自我，你周围的人就可能受益。

　　因此，本章将教你如何找回自我。

> **如果是"不可多得"，那就没有必要"欲擒故纵"。**

这并不是说你要：

- 自负；
- 自私自利；
- 自暴自弃；
- 自毁。

自我意味着你需要考虑自己的行为、选择和需求，因为除非你意识到并在某种程度上能够对它们施加力量，否则你只会对发生在自己身上的事情做出反应（自我意识太低），或者孤立那些可能成为自己盟友的人（自我意识太强）。这两种结果都不会导致健康的选择，尤其是当你面临挑战时。在前一种情况下，自己的贡献被否定，以至于你可能会成为自己试图支持的人的负担；而在后一种情况下，你可能会发现自己已经疏远了那些本可以从你的投入中受益的人。

自我意识的重要性在于，只有通过自我认识的平衡，你才能与自己的世界互动，并掌握自己的选择，意识到后果并获得韧性。通过审视自己，改进自己的行为，你能够更好地：

- 理解和维护自己在某种情况下的价值，并更有可能为解决方案做出贡献；
- 形成健康的合作关系，满足你和你的团体的持久性的、支持性的需求；
- 成长。

韧性植根于健康的自我意识中

健康的自我意识和自我意识的发展贯穿童年时期。孩子们通过自己在环境中的经历，学会信任、发展自主性、采取行动、变得勤奋、形成身份认同、参与亲密关系、富有成效地创造，以及正直地生活。不幸的是，如果孩子没有建立起坚定的自我意识，那么他们的行为可能会变成不信任、自我怀疑、逃避、自卑、内疚、恐惧、角色混淆、孤立、停滞和绝望。太弱的自我意识会导致你自我怀疑，而不是发挥自己的潜能，你会变成一个不问世事的独行侠（可能会越来越不满意自己的生活）；如果你的自我意识太强，人们可能会认为这是傲慢，并认为这是令人厌恶的。即使周围的人可能有很好的自我意识，歪曲（自私或自毁）的行为也会影响到群体。韧性意味着要达到一种平衡——保持自我（自我意识足够强，带着目标和成就感尽自己最大的能力做出贡献），因为你知道自己属于更广泛的团体。

如果没有自我意识，你可能会做出令人不快和没有意义的行为（如自我破坏、以自我为中心、自我保护或自我毁灭）。这时，你周围的人可能会受到影响。然而，展现你的同情心，花时间去识别和培养对你的个人效能来说重要的东西，你就会变得更强大，这将使你能够为了他人而变得强大。

变得有韧性：是什么成就了现在的你

韧性的基础通常以支柱的形式呈现，支撑你的支柱是什么？

●●● **反思**

　　找出能让你坚持下去的六件事，尤其是在面对挑战时（见图 1-1）。

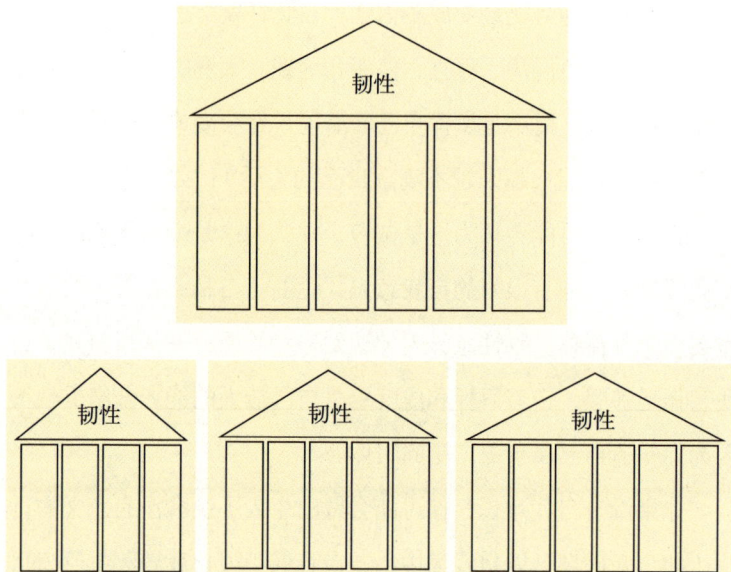

军事部门提出了四项建议：心理健康、身体健康、社会健康、精神健康

幸福工程提出了五项建议：精力充沛、关注未来、内在驱动力、思维灵活、牢固的人际关系。复原也是如此：自我照顾、自我意识、正念、人际关系、目标

艾瑞尔·施瓦茨（Arielle Schwartz）博士提出了六项建议：成长心态、情商、智商、社会联结、自我表达、控制

图 1-1　韧性支柱

　　所谓情商，就是对生活有较高的满意度，拥有支持性关系，

身体健康，能够以解决问题为中心或以安抚情绪为中心应对问题，拥有积极的信念。

　　了解什么能让你的精神殿堂屹立不倒是至关重要的，这不仅是为了让你突破界限或在常态中前进，而且能够让你在遇到困难时复原并生存。这既适用于大的范围，也适用于小的范围，当你需要动力来实现一个小目标时，哪怕只关注自己的一个支柱，它也可能会给你带来足够的能量，助你继续前进。

试一试

　　写出让你有能力成功的、具有重要意义的支柱。然后思考，如果缺少这个支柱，你能否找到填补或补充这个支柱的方法。你也可以对你的团队这样做，你还可以对整个组织这样做。

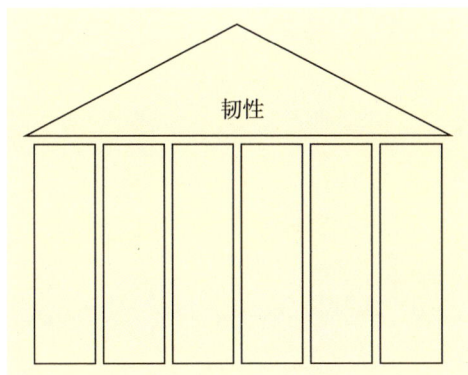

你可能会发现，当你突然注意到以前被忽视的支柱时，你与它们之间的关系可能在你不经意的时候发生了变化。例如，如果你的家庭是你力量的源泉（支柱），但你没有花很多时间与家人在一起（请记住，他们仍然会继续成长，而你却很难从自己上次停下的地方重新开始），那就遵循以"匹配、节奏、引导"为原则的神经语言程序学（Neuro-Linguistic Programming，NLP）来修复关系：

> 观察情况是什么（匹配）；
> 要求加入到他们正在做的事情中（节奏——与他们并肩前进，直至再次感到舒适）；
> 邀请他们和你一起做点什么（引导）。

这个技巧可以进一步拓展到你希望与之合作的团体或更广泛的人际关系中。这并不意味着你要把自己的节奏强加给他们，通常最好是采取一种谨慎的方法。

几周后对这项练习进行反思——哪些方面有所改进？如何改进？反思是认识到实现目标是开始而不是结束的关键。一旦事情步入正轨，为什么要止步于"维持"呢？

不断突破舒适区

另一个值得注意的韧性模型是舒适区模型（见图 1-2）。

恐慌区
学习区
舒适区

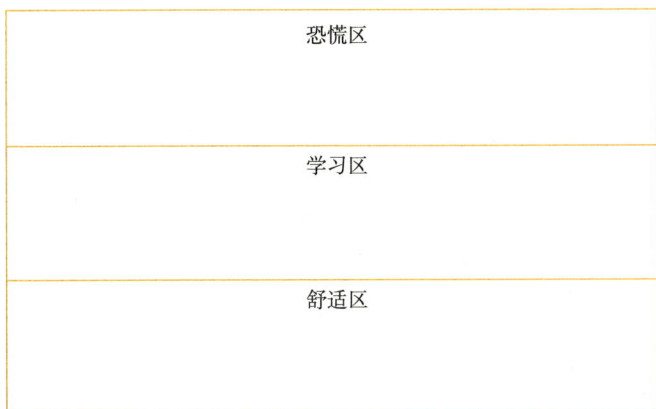

图 1-2　舒适区模型

在日常生活中，你经常处于自己的舒适区；当你尝试一项新的技能或接受一项新的挑战时，它可能会把你推到学习区；而当事情变得非常棘手或出乎意料时，可能就意味着你陷入了恐慌区。从心理上讲，由于处于恐慌区不是一种令人愉快的状态，因此你可能更愿意避免它。但是，对自己进行测试，尤其是当挑战对你的生存来说并不是必不可少时，是在你不需要韧性的时候考验你韧性的好机会。

作为一位领导者（随后你也可以对你的团队这样做），更要挑战自己，定期走出舒适区，进入学习区，并深入恐慌区。例如，建立伙伴关系对你来说可能需要一段时间，让这些伙伴关系发挥主导作用也许会让你感到恐慌，但通过定期采取一些小步骤，你的学习区就变成了你的新的舒适区。

试一试

经常做一些能让你走出舒适区的小事，哪怕是点一杯不同口味的饮料，或者针对一种爱好提高水平。

积累小的行为，拓宽你的世界，这样你就更容易面对甚至接受更大的挑战。

实践

接受一项挑战，你甚至不需要告诉任何人你正在做这件事。也许这是你从未想过自己会做的事情，或者这是你渴望做的事情，它甚至可能是你"遗愿清单"上的事情。

一旦你再次感到舒适，就可以通过谈论你的努力来鼓励他人，并庆祝你的成就。

长期维持韧性的七个步骤

凯瑟琳·麦克尤恩（Kathryn McEwen）的 R@W 持续模型描述了长期维持韧性的七个步骤。

（1）了解你的个人价值观（关注自我）。

（2）与组织的核心价值观保持一致（也就是说，确保你每天都在践行自己的价值观。此外，它还可以为你的长期目标带来专注感）。

（3）面对挫折保持积极的态度（如果你拥有明确的目标，并且当组织的价值观与你的价值观一致时，那么你更容易保持积极的态度）。

（4）管理压力源（如果你拥有明确的目标，并且当组织的价值观与你的价值观一致时，那么你更容易管理压力源）。

（5）将互动与合作（而非竞争）视为常态（当你践行自己的价值观，并且这些价值观与你的组织或团体的价值观大体一致时，你很有可能吸引志同道合的人加入你的团队。我将在第 3 章中详细讨论）。

（6）保持身心健康（有时在组织中会被忽视）。

（7）成功发展更广泛的人际网络（有韧性的领导者如何确保他们的投资能够得到回报？再次强调，意识到整体愿景并与之联系起来会有所帮助）。

该模型的关键是让你认识到自己的价值观，并定期实践它们。如果你的价值观与你正在做的事情不同步，那么这将导致巨大的情绪和心理不适，进而限制你专注于任何有成效的事情的能力。这是我们首先要考虑的问题。

试一试

请回答下列问题。

价值观——你关心哪些特质和行为？

兴趣——什么能给你带来乐趣或有助于你获得幸福感？

性情——你到底是什么样的人？如低调、冲动、易怒。

作息表——你是"百灵鸟"还是"夜猫子"？你的"完美一天"的作息表是什么样的？

人生使命——你的个人目标是什么？你已经取得了哪些值得骄傲的成就？

优势——正如你所看到的，以及你的亲密朋友所看到的。

一旦你意识到它们是什么，就要设法确保你的行动始终与它们保持一致。如果你开始意识到你生活中的某个领域是脱节的，那就是你要努力适应的领域，或者需要灵活应对它，包括在可行的情况下改变或移除它。

鼓励你的团队成员也活出自己的本性，为那些可能没有这样做的人提供支持。

韧性始于自我

本章的重点是在你和你领导的团队中建立勇气，因此这些原则将从第 3 章开始得以拓展。本书的其余部分将使你能够为你的团队，以及你可能选择的团队做余下的工作。然而，这一切都需要从你开始。

如果你不重视学习和发展，那么你如何激励他人参与其中呢？如果你很难体会到改变的好处，那么你就很难把它融入你的生活圈。如果你不强大，那么你就无法为你的团队提供必要的支持。

在你（及你所支持的人）阅读本书的过程中，请记住这一点：尽管做出了种种努力，但每个人都要对自己的选择负责，不管积极的还是消极的，任何困难都是暂时的，障碍是可以被克服的。

工具包

现在就开启韧性模式

行动

开始写日记，或者把本书作为工作文件来反思你的进步。当你注意到自己的反应有异常时，花点时间问问自己：我刚才做了什么？我为什么会有这样的反应？

请记住，你可能不会马上找到自己的理由，但思考是自我成长的开始。

然后鼓励其他人也这样做。

应对

如果你最初的想法揭示了一些你能够采取行动或施加影响的事情，那么现在就大胆地去解决它。如果你采取了行动（任何事情），那么你就已经获得了一种可能性，这可能比停滞不前更积极。

（1）注意你一直在拖延的事情。

（2）确定哪些事情是你可以影响的。

（3）对第 2 项中的一件事采取行动（哪怕是一个很小的行动）。

（4）反思你所做的事情和结果。你从中学到了什么？下次你会不会做不同的事情？

优化

如果你发现某些事情对你有用，那么至少与一个人分享这一好的做法。

（1）确定哪些人可能会从你的好做法中受益（如你的孩子或你的团队）。

（2）开始就你的学习过程进行公开讨论。

准备

在尝试或处理一些需要你单独完成的事情时，知道谁或什么构成了你的支持网络，以及他们在哪些方面贡献最大。

确定你的支持网络，要具体说明他们是如何帮助你的。如果解决工作中的某个问题是你的主要目的，那么向配偶抱怨一些工作方面的问题就没有什么意义了，因为他们没有这方面的知识。但反过来，他们可能是在其他领域给你提供精神支持的最佳人选。

蓬勃发展

如果不是每个人都能直接看到你所做的事情，那也不用担心。继续研究不同的方法来提高你的影响力，并注意那些与你有共同爱好的人，他们可能在未来会成为你强大的盟友。

笔记

我做了什么	日期

反思（日后）

我的想法现在发生了怎样的变化

第 **2** 章

增强实力

● ● ● ● **反思**

力量对你来说意味着什么？

"力量"一词在字典中的定义都涉及与体力相关的概念，其实它的含义被简化了。我们应当问问自己：力量对我来说意味着什么？如果我把它应用于团队，那么它对团队意味着什么？它可能是提供支持的能力；也可能是击败敌人的能力；或者它是既能逆来顺受，也能充满信心的能力。

当人类关注的是狩猎和物种繁衍时，力量和养育分别是男性和女性的理想品质。力量的特质被归结为男性的"Y"型体格，即宽阔的肩膀和结实的大腿。力量使人强大。然而在今天，许多其他的特质也能产生力量——美貌、才能、智慧、创造力、创新、医术、学识、金钱（或赚取金钱的能力）。力量可以来自许多方面。

当你阅读本章时，也许更好的问题是：在你的组织中，力量对你意味着什么？或者说，如果你想增强自己的实力，那么力量对你意味着什么？

也就是说，力量是什么样子的？你面临哪些挑战？在你的世界里，成功意味着什么？

以上是你在考虑如何增强力量时需要明确的问题。

韧性也是有针对性的。如果你知道自己在哪些方面需要变得强大，那么你就会知道自己需要加强什么，以防受到伤害。

试一试

个人英雄之旅

你可能不是《龙与地下城》（*Dungeons & Dragons*，D&D）的玩家，但此时此刻，请把本章当作你的游戏去放纵自我吧！

角色表

你可以为自己扮演的许多角色中的任何一个角色这样做——只要弄清楚你在考虑哪一个角色。

角色：		最强的能力：
独特的技能：		
特质	能力（10 个）	弱点：
		笔记：

问问自己：

> 这些特质如何让你在角色中更好地发挥作用？
> 你可以在哪些方面改进，以及为什么改进？

作为一名培训师，我很欣赏合作游戏。从概念上讲，这是一种引人入胜的学习方式，通过隐喻的方式，人们可以进行反思和重构，而在日常生活中则不会受到影响。本章采用了游戏的方式来展开讨论，现在是时候"升级"了。

开始变强大

在任务机制中，玩家通过获得经验值来提升自己——玩得越多，他们对自己所在的世界、朋友和敌人了解得就越多，他们的战役也就越成功。在很多方面，这是一个与生活平行的幻想世界。角色踏上旅程，他们组成团队，培养联盟，克服障碍，战胜敌人，并经常获得金币或荣誉的奖励。在开始之前，就可以从地下城主（Dungeon Master，DM）那里学习到五项简单的经验，这些经验很容易适用于团队、组织和其他合作关系。

（1）携带适当的装备。你不会在没有帐篷的情况下去露营，为什么你会在不知道自己是否有合适装备（或至少在哪里可以获得装备）的情况下开启一个项目呢？如果你注意到技术领域需要更新，那就考虑更新它们。

（2）获取最有用的技能组合。一场成功的战役需要各种技巧。在面对超自然生物时，拥有一队战士是没有意义的，或者在世界末日的场景中拥有一队商人也是没有意义的。在《龙与地下城》游戏中，均衡的组合往往是战士、术士（巫师）、游荡者（盗贼）、游侠和牧师。意识到你不仅有出色的表现，还有广泛的能力也是很有帮助的。

- 了解你和你的团队将参与的工作类型，不仅在每个项目之前，还应在你展望未来的时候。如果缺乏这些技能，明智的做法是尽早采取措施，解决和改进这些问题。

- 团队中的朋友并非必不可少。
- 除了广度之外，确保团队中的每位成员都有独特的技能来实现互补，这样如果一个人被拘留，就会有另一个人有能力为他看守，直至他回来。

（3）记住，没有固定的脚本，只有开始和结束。有些事情是无法被预测或计划的，只能在事后处理，或者在途中应对。在应对危机时，战役中的角色通常会紧盯着最终目标。举个例子，为什么要花宝贵的时间去复活一个暂时可以携带的角色呢？此外，他们需要看到随着他们的不断进步而可能会出现的机会。是的，他们可能带来挑战，但他们也可能带来奖励和经验。因此，玩家总是会积极地意识到他们拥有的技能和物品（如果指的是工作场所，那么称为技术），以及他们周围发生的事情。

- 你要始终清楚自己准备实现的目标。这一点有助于你的决策更加聚焦，更加有效，特别是在危机时刻，当思维缺乏清晰度时，这一点尤为重要。
- 请记住，虽然你有一个终点，但你正在经历的旅程中可能会出现意想不到的转折——对生活采取积极主动和反思的态度，可以让你预见潜在的威胁和机会。

（4）掷骰子可以改变运气。你无法控制他人的行为。你能掷的唯一的骰子是自己的，即使如此，掷出什么样的骰子也不一定依赖于技能。此外，建立自己的角色的生存技能也同样重要，而不是只选择有助于团队的特质，因为你永远不知道自己的星际战士什么时候会掷出"1"。集中精力尽可能地安排好你所处的环境——即使骰子对你不利，你也可以承受得住。在提升自己方面花的时间永远不会被浪费。

（5）能动性有时可以通过观察和等待来改进。当角色发现自己处于战斗状态时，DM 就会喊出"主动出击"的口号。角色决定谁先上场，而对抗侵略者的迷你游戏也会按照这个顺序进行。有些玩家喜欢将战斗作为《龙与地下城》的最终组成部分，有些玩家则认为这与故事的其余部分格格不入。对后一类玩家来说，只要他们对出现在他们周围的角色和环境做出敏锐的反应，DM 就会给予他们避免战斗的机会。这样的遭遇非但不会引发战斗，反而促成了贸易、谈判，甚至是结盟。即使你是那种喜欢一头扎进战斗中，甚至还在寻找战斗的人（也许你会因为胜利而感到兴奋），你也会通过采取不同的策略，从节奏的变化中获得很多乐趣，甚至可以与他人结成联盟，以便在终局取得更大的胜利。毕竟，这个故事是由玩家和创造者共同主导的！

面对各种情境，反思自己的反应

现在，你要考虑一系列情境。这些情境没有对错之分，它们是通往你思维过程的大门，目的是鼓励你思考自己可能会做什么，以及采取行动的原因，同时发现自己应当改进的地方。

情境一

你与你的部门经理的关系不和已经有一段时间了，你觉得他处处针对你。最近，他问你是否想去参加公司举办的年度活动。你说你很愿意。几天后，你却收到他的一封邮件说："对不起，我不得不让两位新员工去参加活动，而且包括他们在内，名额都被预定了。"你知道，其中一位新员工曾向你提起过他不想参加这项活动。你会怎么做呢？

有多少人是被迫去做或说一些事情的呢？

发泄情绪是一个人在愤怒和不安时的常见反应，然而，发泄愤怒不可能带来任何改变。

● ● ● **反思**

你无法控制他人的反应，不管你多么想让他人感受到什么，你都不能强迫他们去做。

● ● ●

视错觉是一个常见的例子（见图 2-1），它说明一件事是如何以不同的方式被感知的，有时参与者很难看到另一种方式，即使他们看到了，仍然会对自己选择的版本表现出偏好。考虑到这一点，简短地表达你的失望，并要求他人在未来采取某种行动就足够了。例如："我听到这个消息真的很失望，因为我说过我很想去。下一次，如果它只是一种可能性，而不是明确的提议，也请让我知道。"

图 2-1　视错觉

当然，你还是会觉得被轻视，所以，你应该反思一下你和你的部门经理之间的互动。这真的是个人行为吗？你应该思考自己的反应，然后反思是什么导致了这种反应。有时候，我们假设挫折是针对个人的，而当时在场的任何人都可能遇到过这种事情，或者那个人的经历与其他人相似。仔细一想，如果你发现这可能是个人问题，那么你就得采取行动了，无论如何，你都不应当坐在那里为这件事烦恼，因为这会让你感觉更糟糕。史蒂文·帕顿（Steven Parton）的研究发现，每当我们在情绪上有类似的想法时，相同的神经通路就会亮起。斯蒂尔曼（Stillman）认为，我们越是消极地思考，这些通路就越有可能融合。虽然对大脑进行"重新训练"是有可能的，但这无疑表明，你越是为某些事情烦恼，你的大脑就越是消极地自我连接。斯蒂尔曼还认为，消极情绪会传染，一些琐碎的事情最终会变成相当严重的事情。

如果你发现自己总是对他人感到失望，那么就反思一下，你是否向他们提出了错误的问题？

试一试

自我认同

与其寻求他人的认可（这可能会导致你对一些甚至不是针对你的事情耿耿于怀），不如每天做一件让自己开心的小事，让自己重新焕发活力——不管看着爱人的照片，还是穿上喜欢的衣服，或者出去散步，甚至在需要的时候喝一杯酒。当你这么做时，记住你这样做是为了自己。

你应该以一种更平静的心态接受人们有时只是以"他们的方式"做出的回应。

试一试

考虑使用你的个人力量

扪心自问，如果你与他人的沟通更加清晰、更加公开，会不会有更好的结果呢？有时候，人们并没有意识到他们应该以另一种方式回应。我们在脑海中感知到的可能不是已经发生的事情。

试一试

你比我猜

把一群人排成一队，告诉他们你要通过肢体语言传递一个信息，看你比画的那个人必须把信息传递给下一个人，以此类推。每个人在传递信息的时候都必须非常清楚自己在模仿什么，即使他们不确定前一个人在表达什么。

要求所有人（除了你旁边的人）都转过身背向你。

一般情况下，你会发现，信息到最后被大大简化了，人们做的事情也会被扭曲。这种扭曲往往与他们自己最为相关。

对记忆的研究也能揭示人类思维的易错性。在巴特利特（Bartlett）的"鬼魂之战"实验中，他给参与者讲了一个故事，然后让参与者复述给其他人，后面的人也这样做，以此类推。实验结果显示，为了使头脑中的故事合理化，参与者倾向于改变细节。巴特利特将其称为模式的构建。因此，如果你的头脑中已经有了一种感觉，即你以某种方式做出了反应，那么你很可能会回忆起这种感觉并继续这样做，即使事实并非如此。由此可见，你也要对自己的行为进行反思。

情境二

你知道自己的公司正在重组，这可能会让你失去一些团队成员。另外，你还有预算来提供培训。你会怎么做呢？

提供业务培训可能很诱人，这样整个团队的实力都能得到提升，进而可以为公司创造更大的价值。你也可以考虑替代方案，如开发培训软件或提升员工未来可能需要的技能（无论在你的公司，还是在这个领域）。你甚至可以考虑使用一部分预算来"拯救"你目前的团队。

其实，最有效的初步行动方案是询问团队成员当前的需求是什么，以及他们在未来可能需求什么。尼斯贝特（Nisbett）等人的研究发现，一种行为可能会以不同的方式被感知，这取决于你是做出这种行为的人（参与者），还是观看这种行为的人（观察者）。他们特别注意到，参与者往往倾向于将消极行为归因于情境因素，而观察者则将这些消极行为归因于参与者本身的个人因素。当涉及团队在这种情况下如何看待你的行为时，这种偏见也会出现。因此，与团队展开对话可能是有益的。

在这种情况下，围绕当前需求和未来规划提升技能都是有帮助的，如果培训能够同时满足当前需求和未来规划，那就太理想了，而且你的团队成员会觉得你对他们的未来进行了投资。

试一试

你能问而不是假设吗

> 自由地讨论可能发生的事情（如果你不能，那就问问自己是否可以），了解可能发生的事情有时对团队更有帮助。
> 这也可能是一个很好的机会，可以根据公司的发展方向来审视团队的优势和劣势。

在建立韧性时，人们需要花费时间和精力才能取得成果，所以问问自己：你想要加强什么？什么是韧性？你会对什么样的危险做出反应？你应该如何应对？谁会受益？韧性不是反弹，而是跃进！韧性不仅是保护自身系统的基本体系，它也涉及通过创新解决问题。

因此，你需要确定，在你的内心，哪些方面需要加强及为什么需要加强，记住你想去哪里、为什么及和谁一起去。这项技能也适用于你的团队和整个组织。

试一试

提前计划

你知道你的组织、市场和行业在 1 年、3 年或 5 年后的位置吗？

你知道你的客户在 1 年、3 年或 5 年后希望从你这里得到什么吗？

如果你发现了一个机会，你会怎样抓住它？

大多数领导者都熟悉 SWOT 分析（见图 2-2 和表 2-1），它是针对组织的未来方向而进行的分析。当把它用于建立韧性时，它可以应用于个人，即检查你的个人优势或你的团队优势，也可以应用于整个组织，甚至是整个社会，还可以应用于客户。

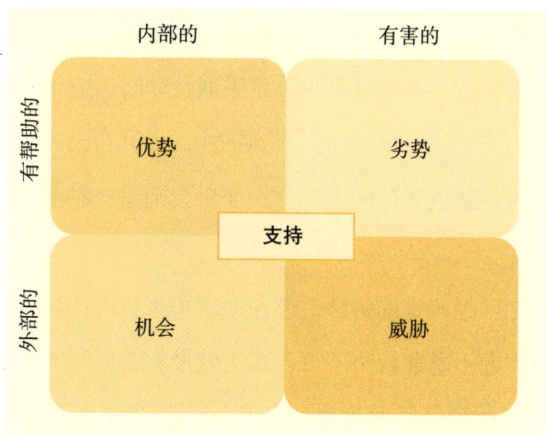

图 2-2　SWOT 分析

表 2-1   个人与组织的 SWOT 分析

个人	组织
我的优势是什么	组织的优势是什么
我的劣势是什么（过去我在哪些方面受到了伤害 / 现在我在哪些方面可能比较脆弱）	整个组织的薄弱环节是什么（过去我们在哪些方面受到了伤害 / 现在我们在哪些方面可能比较脆弱）
如果我追求这些目标，可能会出现哪些新的机会？也就是说，我追求这个最终目标或结果的动机是什么	如果组织追求这些目标，可能会出现哪些新的机会？也就是说，组织追求这个最终目标或结果的动机是什么
在追求这些目标的过程中，我会面临哪些威胁？我是否应该实现这些目标	在追求这些目标的过程中，组织可能会面临哪些威胁？我们是否应该实现这些目标
（补充）谁在我的支持网络中	（补充）谁在组织的支持网络中

除了了解你的支持网络，并有针对性地关注你要实现的目标，基本的原则仍然是相同的。

在这种情况下，与其说 SWOT 分析是关于一个人是否应该采取行动的模型，不如说是当决定采取行动时，它为自己增强实力的方向提供了一个出发点。谈到韧性，了解自己的优势和支持网络是应对威胁或劣势的一部分，而机会则是一种激励方式，是成长的起点。

对于你已经确定的劣势，要在追求未来目标的背景下考虑它们。如果问题不是非解决不可，那么就没有必要解决所有问题。

鉴于当前和以往的失败，以及你已经确定的可能受到的威胁，了解为了获得自己最想要的成功和最希望的结果需要加强哪些方面。这将成为你努力的起点。

做有针对性的强化训练是运用（并节约）你的宝贵时间和精力的最有效方式。

运用 SWOT 分析满足未来客户的需求

你也可以考虑使用类似的原则来处理你从客户那里得到的反馈，以了解他们的动向，以及在他们需要的时候，你可以做些什么（见表 2-2）。

表 2-2　客户的 SWOT 分析

客户
在客户看来，我的优势是什么，他们为什么会来找我
我的劣势是什么？我在哪些方面缺乏竞争力
考虑到客户未来的需求、时间和资源，我可以抓住哪些新的机会
在追求这些目标时，我面临哪些威胁
（补充）我的支持网络中有谁可用

情境三

你正处于工作的艰难时期，你的团队成员都在全力以赴。你知道，你需要掌控所有事情，但在这样做的过程中，你意识到有些事情是你无暇顾及的，执行起来效果不好。你该如何应对？

　　作为协调者，你的角色很重要。如果没有人负责操作，你就不能总是准确地对事情的全貌做出反应。最好的足球队队长是明星前锋还是守门员？

　　当然，作为足球队队长还有很多事情要做，但这只是为了说明一个问题——从最后的结果看，你是否在战术上更胜一筹？这两个位置的重要性是相同的！

反思你的角色

　　你可能是那种总是支持他人的人，并且善于与团队成员并肩作战，以此建立起了领导力。让参与者自己指挥自己，领导者只负责处理紧急情况，这种做法可能会起作用。但现在不同了，团队成员既要依靠你来协调工作，也要依靠你来了解工作。

> 让我们再上一次火线，亲爱的朋友们，再上一次。
>
> ——亨利五世（Henry V）

　　一位消防队队长曾解释说，他非常想支持自己的团队，所以他在升职后的第一次火灾救援中辅助队友做了基础工作。幸运的是，这次火灾并没有造成太大的混乱，但他感觉到了外部协调工作的不足，他很快就学会了如何注意到这些不足并进行相应的部署。

有时候，你只需要授权。

确保你的团队可以被授权

授权是一项技能，它不仅可以赋予你的团队权力——特别是当你与团队就他们所认为的技能需求保持沟通时——而且还能让你在自己的角色中得到发展。永远不要忘记，你也在自己的旅程中前进。

如果你想努力工作，那就好好计划，并让它成为可能。但如果你这样做是因为你不相信他人能做到，那么这就是问题所在（所以要训练他们）。或者，如果你需要一点动力，因为你正处于一个新的角色中，而这个角色似乎令人生畏，那么你也需要学会授权。

不要成为彼得

众所周知的"彼得原则"是威廉·莫罗（William Morrow）及其同伴的一部讽刺作品的一部分，其中写道："一个人被提升到了不能胜任的程度。"现在，它被用来说明这种观点：一些被认为有严重缺点的人往往会被提拔。

有时候，你的团队成员并不适合做某项工作，但是如果你对新挑战的反应是避免团队成员从这项工作中学习，那么你很可能是罪魁祸首。

试一试

挑战你的"舒适区"

还记得第 1 章的内容吗？增强实力就是让自己通过学习区，并在恐慌区中生存，直至你在这个区域建立信心。

经常做一些能让自己走出舒适区的小事，哪怕是喝一杯不同口味的饮料，或者针对一个爱好提高水平。请记住，如果你掌握了它们，你就可以帮助那些可能对此感到害怕的人。

积累小的行为，拓宽自己的视野，这样以后你就更容易面对并接受更大的挑战。

你要意识到谁可以支持你，你甚至不需要告诉任何人你正在做这件事。也许这是你从未想过的事情，它甚至可能是你"遗愿清单"上的事情。

一旦你再次感到舒适，你就可以通过谈论你的努力来鼓励他人，并庆祝你的成就。

情境四

简单地做你以前做过的事可能是非常诱人的，毕竟过去的方法曾经是有效的，你为什么不去做呢？

但是，这样做有一个问题，你是否反思过，上次你从这件事中学到了什么？

不要像西西弗斯那样

在西西弗斯的神话中，西西弗斯将一块巨石推上山顶，但每当他接近山顶时都会看到巨石再次滚落。你不想重蹈覆辙，那么你必须采取合理的措施，从上次的经历中汲取教训。

> 增强内在力量就像增强体力一样，是需要练习的。

花一点时间思考出现问题的原因，你就能识别触发因素，并提前采取预防措施，这并不是没有道理的。虽然这并不总是能防止事故的发生，但它可能会简化后续工作。

试一试

了解你的危机反应

借用辩证行为疗法（Dialectical Behaviour Therapy，DBT）的一个术语，为了支持人们管理自己的情绪，人们经常被要求创建一个"危机包"，它包括一种识别情绪触发因素的方法；当事情变得棘手时，可以打电话求助的人的名单；可以平息当下情绪的简单的、可操作的方法。

同样的方法可以用于任何潜在的挑战。想一个很难解决的且可能再次发生的场景。

> 是什么触发了它？

> 你是怎么解决的？有没有什么措施可以防止或推迟某种情

况的发生？有没有什么措施可以让某种情况发生得更快？

> 你的支持网络包括哪些人（在这种情况下，谁更适合为你提供支持）？

> 你如何训练自己或你的团队更好地接受或在未来避免这种情况？

改变并不容易，但要记住你为什么要开始这段旅程

迪尔茨（Dilts）的变革模型最能说明解决思想问题的重要性。迪尔茨将变革过程分为以下 6 个层次（级别从 6 至 1 递减）。

（6）目的：你对大局的看法。

（5）身份：你对自己的看法。

（4）信念和价值观：你的推理。

（3）能力：你的技能。

（2）行为：你的行动。

（1）环境：你周围的环境。

对迪尔茨来说，变化可以发生在层级体系的任何一级，但如果从较低的级别开始（通常是最容易的），结果将不会向上流动。相反，在更高的层级上做出改变，结果就会向下渗透。

举个简单的例子，许多人去健身房锻炼（环境上的改变）。

他们可能会一周去几次（行为上的改变），通过运动变得更强壮（能力增强），但除非他们开始享受运动，或者找到一种在精神上与结果（或他们正采取的行动）联系起来的方法，否则他们中的许多人就会停止运动，恢复旧的习惯。最成功的改变发生在你能确定自己选择更健康的生活方式的原因时，而当你能够利用这一点时，其余的改变也将随之发生。

● ● ● 反思

你的目的是什么

意识到自己真正的愿望（即使这些愿望可能不被他人所接受，例如，减肥是为了让自己穿比基尼更好看，而不是为了健康，这在一些人看来可能是肤浅的）不仅有助于你坚持下去，而且有助于你在这些方面不断取得进步，特别是当事情变得棘手时。毕竟，你是在培养自己的韧性。就算你的选择（只要它们不会直接伤害到他人）不被他人理解，那又怎样呢？

现在写下你真正的愿望。

始终牢记这一点，通过本章的练习，你已经做好了升级的准备！

工具包

现在就开启韧性模式

行动

　　你不可能总是拥有自己需要的所有技能，至少不会达到专家的程度。虽然灵活性是优势，但你不需要无所不能。诚实地进行自我反思，做你能做的，或者说了解在你的角色中达到最佳表现的最重要的技能是什么，确保你知道在你的人际网络中谁能和你形成互补。

应对

　　在处理问题时，沮丧和挫折是常见的。所以尽量准备一些简单易得的东西，让自己的心情平静下来，以便重新回到手头的任务中。虽然你可能会说自己喜欢水疗或度假，但两者都需要计划和其他资源。想一想你是否需要一个分散注意力的事物，如一个拼图软件、一本书，或者一些利用触觉减压的东西。我经常随身携带一个小风扇，这样我就可以在我为某件事激动时立即帮自己降温。使用以下指令：如果某件事发生了，那么我将……

优化

　　如果你找到了有效的方法，那么就分享它。让反思和个人发展成为你的团队会议或简报的一部分，这样每个人都能从积极的实践中受益。

准备

　　不要等到危机来临！使用本章中的例子和其他简单的情境实验找出弱点并重现它们。正如有些健身专家告诉你的那样，体力训练是有针对性的，这也适用于精神力量。不要只关注容易挑战的事情，要勇于挑战自我。

蓬勃发展

　　找时间庆祝你所拥有的。自我发展的道路是一条持续不断的道路，对现在的你来说，你从哪里来和你要去哪里同样重要。问问自己："在这种情况下，一年前我会说什么或做什么？"反思你内心的变化。

笔记

我做了什么　　　　　　　　　　　　　　　　　日期

反思（日后）

我的想法现在发生了怎样的变化

第 **3** 章

吸引、维护并留住勇敢的团队

我无法控制结果，我能做的最勇敢的事情就是出现。

以心理学家理查德·怀斯曼（Richard Wiseman）的方式对待自我肯定——如果你倾向于注意你所想的，那么你所想的是积极的方面不是更好吗？他的例子是让人们不要去想一只粉红色的大象。当提出这个想法时，要避免去想它真的很不容易。这也是为什么当你考虑购买一件特定的东西时，你会突然发现很多人都有这件东西。或者你会有这样的感觉："当我需要它时，它在哪里？"这并不是发生了什么变化，只是因为你已经准备好去注意这件东西了。

因此，如果你想把那些践行你的价值观的勇敢的人带入自己的组织或生活中，那么你需要践行这些价值观。

价值观

如果你尚未完成第 1 章中的重要事项练习，那么请立即完成。

与那些与你观点相同的人被吸引到你身边的相反立场是，那些与你观点不同的人可能会与你变得更加疏远，你甚至可能会觉得他们正在从你的生活中消失。虽然这并不总是让人感到舒服，但管理你的人际关系并没有错。当你最亲近的人不认同你的价值观时，冲突比合作更容易发生。虽然冲突往往是创新的催化剂，但是它很容易成为一场胜利之战，尤其是当价值观（你所持有的基本信念）是问题的一部分时。

● ● ● **反思**

你认为你或你的组织的价值观是什么？然后反思你当前的行为（如果这是你的重点或目标，那么其他人会如何看待你的行为？

● ● ●

例如，在一家机构的培训课程中，我注意到，虽然价值观是"卓越"和"包容"，但在那里工作的人实际上觉得这些价值观包括"完成目标"和"金钱"。我进一步观察到，在该组织中最快乐的人是那些受后两者驱动的人——他们的价值观得到了践行——而团队中的其他人则感到不快乐和不满足。值得注意的是，那些认为自己"站得住脚"的员工都具备实现目标的个人技能，但他们对该组织的氛围并没有产生强烈的幸福感。

现在想一想你周围的人。如果你发现你或你的组织的价值观和你所看到的生活之间存在脱节，请反思一下你是否对你最常看到的情景感到满意。

> 你可以从一个人结交的朋友看出他的为人。
>
> ——西班牙谚语

尽管你可能声称自己相信什么，但如果你不积极地生活，那么你可能会发现周围的人与自己投射的行为有关，而不是自己想要相信的东西。

如果你想改变这种情况，那么就从现在开始改变自己的行为，践行自己的价值观。

韧性是指有勇气面对黑暗，有时甚至是在没有安全网的情况下这样做。

> 即使是分析和构思最好的规划，也不能代替采取行动。

从组织的角度来看，这甚至可能意味着从核心部分着手进行重组，一旦尘埃落定，你就有了一个绝佳的重建机会。

● ● ● **反思**

如果你坚持自己的价值观，那么可能发生的最糟糕的事情是什么？然后做决定，如果你不能接受这种情况，那么你有哪些选择？

● ● ●

通过了解底线，也许你能够找到一个可以接受的平衡点。然后采取行动，即使你无法预测结果。

很多时候，往往是"一切都会好起来"的愿望阻碍了我们。事实是，当你与人打交道时，你无法预测结果，因为有太多的变数。你当然可以尽你所能让事情朝着某个方向发展（你可以做准备），但也有不受约束的状况——生活中发生的一些我们不知道的事情会影响我们的行为，而你唯一能控制的行为就是自己的。

失败恐惧症

对失败的恐惧（或字面上的"对不幸的恐惧"）不仅使人麻痹，而且使人筋疲力尽。缺乏行动往往会导致进一步的焦虑，并可能使人继续陷入抑郁。研究显示，当你焦虑时，你可能更喜欢独处，这会让焦虑继续控制你。焦虑是非常真实的，虽然我并不提倡"感受恐惧，然后采取行动"，但是，你最好还是找到一种积极的方法来面对自己的感受。

虽然自我反省是一件积极的事，但它有时（特别是对那些更有头脑的人来说）会成为一种逃避现状的安全退路。如果你到了越来越多地反思某个答案的地步，那么你的行为可能已经不再对自己有帮助了。

简单地说，如果你不利用回报，或者如果你试图一次利用所有回报，那么在学习上投资是没有意义的。如果你实践自己所发现的，那么你就会发现在什么情况下什么才是最有效的。事实上，在某些时候，你真的必须"感受恐惧，然后无论如何都要去做"。

因为精通所以高效

试一试

在下表空白处列出你精通的技能，然后想一想并列出它们在哪些情况下最有用。

精通的技能	我使用过 / 可以使用此项技能的情况
例如，了解他人的感受	运筹帷幄、指导、团队会议、知道什么时候不去争论或什么时候请求帮助、有提升空间

接下来，请思考同样的能力，并想一想你在什么情况下没有有效地使用它们。

精通	我使用过 / 可以使用此项技能的情况
例如，了解他人的感受	为了融入一群我不想融入的人而压抑自己的感情

你花在低效任务上的所有精力，很可能会让你无法完全专注于高效的任务。你的精力就像你的时间一样，它是有限的，所以要明智地使用它。

技能库存

为了避免过度思考这一问题，我们应当将学习新技能视为不断增长的库存的一部分，而不是额外的负担。你永远不需要一次使用它们，也不一定要忘记或摒弃你过去喜欢的旧行为，可以将它们视为库存，并积极选择在特定情况下最有用的技能。

从组织的角度看，对你的团队进行技能审核是有帮助的，如果组织缺少具备某些技能的人才，那么其可能需要增加员工、承包商或合作者。同时还要记住，价值观也很重要。

你可以使用表 3-1 进行技能审核。

表 3-1　技能审核

所需技能	团队中拥有所列技能的人			

这样的审核可能是一个很好的讨论起点——你可以用它询问团队成员，在招募更多新团队成员之前，他们是否有想要发展的领域。

为勇气而招聘

请注意，正如本章开头所讨论的那样，就像你可以在头脑中持有一套价值观并通过你的行动表现出另一套价值观一样，其他人也可以这样做。因此，人们在面试环境中和在实际工作中的表现有可能会有较大的差异。

这就是为什么"评估日"式的招聘是最有效的方法之一，如果你知道如何优化它，它甚至不需要花很长时间。

试一试

1. 在毅力、问题解决能力和开放性思维方面，如果用 1 ~ 10 分给自己打分，你会给自己打几分？

2. 找出答案。

谜题 1

知道什么是最适合你的，要明智。

生活往往会给你许多种选择。

在盲目从众之前，要三思而后行。

带来最好的机会。

要有远大的目标，即使你必须更加努力才能获得回报。

第一句的最后一个词。

第二句的最后一个词。

忘记第三句。

第四句的第一个词。

第五句的最后一个词。

谜题 2

提示：字母表的阻碍。

ABECDRECRUFIGTHWIIJSKELLMYN

答案在页脚中。[1]

　　这是我的"密室逃脱"式谜题中的两个简单例子，我用它来研究团队关系，并将其作为招聘过程的一部分。"密室逃脱"的概念始于 2012 年的匈牙利，它基于日本的电子游戏，团队成员被锁在一个房间里，他们必须解决谜题才能逃脱。每场游戏的时间是 1 小时。虽然有可能租用这样的场地，并通过闭路电视观察面试者，但我使用的是桌面版本，在同一时间，最多可以解决 80 道谜题，而且在任何时间都可以玩。在这个过程中，我们将更深入地展示你在解决上述难题时的感受。

●●● 反思

> 你是否放弃了读题，直接跳到了页脚的注释？
> 你是否认为"这太荒谬了"？
> 你是否认为"这很棒，我想知道是否还有更多"？
> 你是否忽略了它？
> 还有别的吗？

现在想一想，一开始你对这些问题的排名是多少？

---

[1]　谜题 1。提示在第一首"诗"中，它是第一句的最后一个词，第二句的最后一个词，以此类推。答案是：明智选择带来回报。

　　谜题 2。去掉单词之间的字母。答案是：RECRUIT WISELY（明智地招聘）。

> 毅力。
> 解决问题的能力。
> 开放性思维。
> 你会说自己是一个有毅力的人吗？如果是的话，你为什么直接跳到页脚的注释？
> 你会说自己是一个有开放性思维的人吗？如果是的话，你为什么会认为"这太荒谬了"？

● ● ●

　　在密室逃脱游戏的乐趣和时间压力下（许多密室逃脱游戏都非常逼真），人们忘记了自己的禁忌，而且往往是那些他们在简历上对自己的评价。他们可能会感到沮丧，也可能会试图控制，还可能会退出。虽然这并不一定能够准确地反映他们在特定商业环境中的行为，但密室逃脱游戏利用了最有价值的技能——可迁移的技能：决心、动力、团队合作、领导力、沟通、倾听、逻辑、创造力及组织等。韧性着眼于基础——组织招聘的是真相，而不是形象。形象可能没有坚实的基础。

保持勇气

　　罗斯（Rose）和戴德（Dade）讨论了价值模式量表，该量表试图解释英国公众的投票策略。从概念上讲，人们对社会的态度可以分为开拓者（创新型、发展型）、定居者（安静、舒适的生活）或勘探者（机会主义者）。虽然这原本是用来分析和利用选民心态的，可能会影响选举中的竞选策略，但这种模式也适用于组织。

一旦你招聘了你的团队成员，除了分享你的价值观之外，了解是什么让他们加入你的团队是很有帮助的。例如，他们是否希望有机会在公司的支持下成长并发挥他们的技能（当先锋）？他们加入团队是因为他们喜欢你的团队，并且知道他们可以快乐地从事他们热爱的工作吗？或者他们喜欢你的组织给他们带来的成就感，并且觉得他们可以成为优势团队的一员吗？

开拓者往往会受到成长和发展的激励；定居者则是出于一种一致性和安全感，并受此激励；勘探者会被赞誉和认可所激励。这并不意味着你不能用表扬或提供机会激励那些受成长驱动的人，而是提醒你需要使用一种更为广泛的方法来培养团队成员的个人需求。

试一试

确定你目前所做的事情，以便发展团队、认可团队及确保团队成员的安全感。

想一想，你会如何提供上述机会。例如，告诉他们"你们都将学会……"或者更多的是"我们提供这种选择……"。你不会在这么多年内进行第三次重组，人们的财务索偿能否按时支付？你是否知道每位团队成员的闪光点，以便有针对性地进行表扬，而不是集体表扬？此外，你需要掌握弥补团队成员间差距的方法。

通过学习和发展的生态系统冲破孤岛

当谈到为你的团队提供成长机会时，请记住，除了传统形式的培训之外，还有许多种方法。参加特定领域的论坛、演讲、拓展人际关系网、参加会议、定期交流学习，这些方法都能在建立关系、获得认可等方面带来回报。

我们不是在孤岛上工作，但它有时会成为一种规范。许多组织领导者发现，当他们第一次尝试联系员工时，至少会有一两名员工愿意回馈，有时他们会意识到你是在合作，而不是竞争，这将是支撑你坚持下去的宝贵经验。

> 所谓生活，就是要面对自己的恐惧。
>
> ——《绿野仙踪》(*The Wonderful Wizard of Oz*)

我们不能得到勇气，也不会失去它，只是需要进行锻炼。

勇敢的人可能会做出勇敢的行为，勇敢的改变可能会留住他们。但是勇气，虽然可以被鼓励，但需要不断地练习。

你做某件事越多，你就会变得越精通。运动科学的研究人员发现，运动员对一项技能练习得越多，他们就掌握得越好，他们在重复某特定动作时就会更有信心，并相信自己会顺利完成这个动作。这对于你可能不得不学习的任何事情都是如此：排练得越多，表现就越好（尽管你会感到紧张）。

勇气是关于尝试的，特别是当你相信它会给你带来你所寻求的回报时。它会告诉你如何振作起来，以及如何从错误中汲取教训并做得更好。这与信心无关。信心是你知道自己将能够驾驭它。通常，当你在一个你已经经历过的领域中进入学习区时，就会出现这种情况（这一点让你可以思考——如果其他一切都失败了，我会回到我所了解的领域）。勇气没有安全网，它让你直视脆弱，因为没有简单的出口。但回报是巨大的，而且旅程令人振奋。

勇敢一点，不要担心能否控制结果，你是有韧性的，你可以应对困境，然后惊艳所有人。

工具包

现在就开启韧性模式

行动

确定并始终坚持自己的价值观，你就会吸引那些与你有共鸣的人。确定你最认同的三种价值观，并尝试每天做一些让你为自己感到自豪的事情，因为你乐在其中，而不仅仅是知道它们。

应对

保持坚强。把你可能花在帮助那些不会回报你的人身上的精力集中在让你兴奋的事情上，并找到一种通过授权为他们提供支持的方法。例如，询问他们认为自己能做什么，或者给他们一个模板，让他们把自己的想法付诸实践。这样，当他们准备好回归时，你也同样恢复了活力。去跑步、喝一杯咖啡或读一本书——毕竟，身体强健的你才能充满能量。

优化

如果你要做某件事，那么就让它有意义。当我还是一名戏剧教师时，我教授戏剧，同时我也教授演讲技巧、自信、团队合作和纪律。有些学生学到了这些，而有些学生只学到了戏剧。如果你要去做一件事，不要只是做好它，而要尽可能地从中得到更多的收获。经历不必是正式的一门人生课程或一项技能。

无论职业目标还是个人目标，都要志存高远，要知道你的努力最终会得到回报，永远不要为了实现目标而迷失自我！当疑虑悄悄出现时，只需问"我在给自己讲什么故事，为什么"。通常你的理由可能与当前的情况无关，它们之所以存在，只是因为你害怕采取当前的步骤。

准备

　　要养成一种心态，对自己说"我知道我做得很好"。永远不要低估一个微小的善举——向你的队友（勘探者）说一句简单的"做得好"；向他征求意见和建议，即使你没有将这些意见和建议付诸实践，也要对他表示感激和赞赏。需要提醒你的是，你是站在团队一边的"定居者"，这意味着，你要考虑怎样培养人，要让他们得到提升，如果需要的话，尽可能温和地与他们进行一场比较艰难的对话。

蓬勃发展

　　在需要的地方出现吧，在我看来，最好的联系仍然是在现实生活中进行的！如果你爱的人已经有一段时间没有给你打电话了，而你想听到他们的声音，那么就给他们打电话，让他们知道你在支持他们！对于你的团队，试着认识每位团队成员的个人价值，甚至询问他们希望你在哪里给予支持。这不需要花很长时间，你可以简单地告诉他们考虑一下，并让你知道。然后，真正努力做一些事情来促进他们的发展并让他们信任你。

笔记

我做了什么   日期

反思（日后）

我的想法现在发生了怎样的变化

第 4 章

驾驭动力，点燃激情

尽管团队有共同的目标，但是每位团队成员的时间和精力都是有限的，每个人都有自己的生活和优先事项。虽然金钱（及相关的福利）等外在激励因素可能是将团队成员留在团队中的驱动力，但如果领导者能够激发团队成员的动力和热情，充分发挥他们的才能，那么他们在组织的发展方面将发挥巨大的作用。

为什么领导者总是比团队成员更有激情

对充满激情和积极进取的领导者来说，他们是在领导着一些由良好结果驱动的充满热情的追随者，而不是由领导者的激情驱动的被赋予权力的队友。当然，杰出而充满激情的领导者知道，爱的附加力量往往会带来更好的结果，但让团队成员了解到这一点是另一回事。

明智的做法可能是，领导者需要意识到一个事实，即如果团队成员没有动力，那么他们就不会从事这份工作。他们的最终目标可能与领导者的最终目标有所不同。

作为一名领导者，你已经有了多年做自己喜欢的事情并获得回报的经验，但你的团队成员首先需要确信他们是能够获得回报的。重要的是，你要从他们成长的角度来看，而不是从你自己帮助他们成长的角度来看。然后，再让他们成长。

● ● ● **反思**

询问团队成员以下两个问题。

> 他们对自己未来的角色有什么希望（在你的团队内部或外部）？
> 他们希望你如何帮助他们发展？

思考这两个问题的好处是，它们有助于你的团队成员思考他们的未来，而工作的压力可能不允许他们轻易地这样做。

● ● ●

你不需要成为麦克白夫人

请你到这里来，我可以在你的耳边倾诉我的心声。

——《麦克白》(*Macbeth*)

威廉·莎士比亚 (William Shakespeare)

● ● ● **反思**

你是否希望你的团队成员充满激情，因此常常忍不住要给他们点拨一下？

● ● ●

如果你是一个充满激情的人，并且喜欢和与自己的价值观相似的人共事，那么当你在一个特定的领域富有经验时（就像你在工作场所担任领导角色一样），尽管你想给你的团队成员所有权，但你可能会推动他们按你的方式（一种可行的方式或你喜欢的方式）行事，而不是让他们自己去探索。虽然麦克白夫人[1]的行为不那么善良，但她所施加的压倒一切的控制感可能是一样的。

当处于领导地位时，由于该职位的性质，再加上你的经验（如果你的团队成员喜欢且尊重你，那么就更有可能），如果你要求查看工作，他们很可能会顺理成章地听从你的意见。

● ● ● **反思**

你是否曾经质疑过下列问题。

> 为什么这么有才华的人好像没你那么有干劲？
> 为什么你会因为你的团队成员没有抓住他们触手可及的机会而感到沮丧？

---

[1]　麦克白夫人，莎士比亚四大悲剧之一《麦克白》中的人物，她对权力有很强的渴望。——编者注

> 为什么尽管你的团队成员很有能力，但他们似乎有所保留？

● ● ●

你要问自己的第一个问题是："我是否在事无巨细地进行管理？"

如果你给某人安排了一项工作，你是只在他寻求建议的时候提出建议，还是在你认为需要的时候留心观察并给予他鼓励？

虽然这种鼓励通常是给予支持，但它可能会产生相反的效果。

在最好的情况下，你的鼓励可能听起来像一种唠叨，在员工的挫折感爆发后，任务仍会完成；但在最坏的情况下，它会影响执行任务的人的自信心——当他们认为你比他们更专业，而且他们认可你时，这种影响就会变得更糟糕。

试一试

如果你对这种微观管理表示担心，请尝试以下方法。

> 问问自己为什么要进行这种事无巨细的管理，因为你不信任你的团队成员吗？还是因为他们没有接受过训练？抑或是因为你没有时间等待他们学习？一旦你确定了根本问题，就能处理好这个问题，这种事无巨细的管理就会停止。

❯ 反思一下，如果你遇到了这种事无巨细的管理，那么你会有什么感觉，以及它会如何影响你的表现。

❯ 质疑一下，你在委派任务时是否解释得足够清楚，以便你的团队成员清楚地知道：

- 任务是什么；
- 交付日期是何时；
- 何时及如何寻求帮助；
- 你对他们的期望是什么。

❯ 如果你有足够多的精力，那就把这些精力投入在进一步发展自己的角色或工作上。

> **如果人们喜欢你，你就会拥有更大的权力。**
>
> ——英国赛车手，詹姆斯·亨特（James Hunt）

请记住，即使你的团队成员对某件事充满热情，他们也可能会听从你的意见。

"通常被提升的人是有魅力的领导者，这些人能激励人们，在追求真理的过程中他们偶尔会让人感到不快。"玛丽·福克纳（Mary Faulkner）在她的博客文章《生存领导力》（*Surviving Leadership*）中写道。她还指出，当领导者被人喜欢时，其错误可能会得到更多的宽容，因此可能会产生更大的影响力。

　　具有讽刺意味的是，如果领导者经常试图帮助团队成员，那么这种做法可能会削弱团队的力量。当你被自己喜欢的人点拨时，你更有可能顺从。

● ● ● 反思

如果你在暗示，那么你要问自己的第二个问题是"为什么"。

> 你害怕被排除在外吗？
> 你真的认为他们做不到吗？
> 你是否太在乎结果？

● ● ●

　　首先，本书中的"反思"部分可能会帮助你解决这个问题。其次，也许培训是一个更有效的解决方案，尽管它可能会耗费更多时间。

　　或者你还有第三种选择——你非常关心你的团队成员，你想确保他们有一切成功的机会，因此你会尽你所能地帮助他们。

　　在第三种情况下，虽然你非常积极地提供支持，但是这样做可能意味着在没有人真正意识到的情况下剪断了他们的翅膀。作为他们的领导者，团队成员会自动寻求你的认可，为了让他们成长，你必须在一个项目中的某个节点停止提供帮助（例如，当演员上台表演时，戏剧导演从不在舞台两侧指挥。尽管他们可能会在出现问题而演员无法自己解决时提供帮助）；或者你需要严格控制你提供的帮助，即使你认为结果可能会更好。如果你不这样做，他们所做的每件事都会考虑到你（因为他们知道你可以、能够或愿意帮助并经常改进他们的工作），但他们不会完全单飞。

提供成功的方式、动机和机会

如果你希望人们像你一样对事业全身心投入或充满激情，那就请记住这一点：人们并不是故意选择不追随自己的激情。在一家你喜欢的公司里做一份你喜欢的工作，是一件难能可贵的事。如果他们喜欢这家公司，那么他们往往有动力，他们缺乏的可能是机会。

> 团队成员通常有自己的方式和动力，提供机会的领导者会培养和留住他们。

"犯罪三角"（见图 4-1）表明，对于大多数犯罪行为的发生，需要满足所有这三个要素——动机、机会与能力，走向成功也是如此。"犯罪三角"的前提是，大多数犯罪的发生都需要满足这三个要素，去掉一个，就可以避免犯罪。添加任何缺失的元素，而不是简单地推动已经存在的元素，你就会得到你想要的结果。
这在培养团队成员的激情时同样会发挥作用。

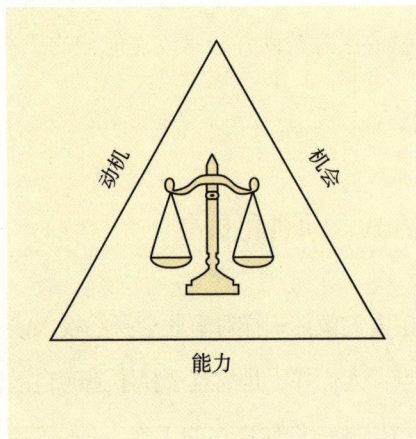

图 4-1　犯罪三角

● ● ● **反思**

❭ 对你的团队来说，专注于过程而不是结果有多容易？

❭ 如果不是由你，而是由企业文化来决定目标（销售、财务、客户满意度），是否有必要？

❭ 有关进展情况的评估是否只关注项目的完成情况？

❭ 你或其他人是否有时间进行培训或提供支持，给予那种需要花费时间，而不仅仅是提供即时解决方案的支持？

● ● ●

大多数员工都有自己的愿望（动机）和能力，但组织往往只是表扬员工的愿望或动机，以及纠正或培训员工的能力。相反，你要给他们提供机遇，或者说机会，让他们发光发热。考虑一下，你是否可以信任他们，而不是教他们。

试一试

你如何让你的团队有机会沉浸在他们的激情中（而不是专注于目标、奖励或结果），享受做这件事本身？

在工作目标中找到激情时刻

激情也可以通过非正式的方式被点燃。

反思

你关心哪些社会问题？你的组织如何为解决这些问题做出贡献？

如果你重视心理健康，那么你能否鼓励人们分享让他们快乐的事情？如果你重视可持续发展，那么你能否让你的团队成员避免使用一次性塑料制品？你能让这些举措成为一项协作任务，甚至是一项挑战吗？

试一试

在即将举行的会议上，弄清楚你的团队成员对什么充满热情。

然后问问自己：如何才能实现创新，以便支持他们产生源源不断的动力？你可以举办一场比赛、一项活动或开设一门课程吗？

你如何向组织的其他成员（甚至是外部世界）传达，你正在发起一场"社会革命"。

与你共事的每个人，你所做的每件事，都是一个改变现状的机会，即便不是在更大的范围内，至少是在你周围的环境中。

你正在为人们创造关心的机会——首先是在不影响结果的情况下进行关心，但也许他们能够看到大多数成功中的"特殊成分"往往是爱！

接下来，让他们重新思考这个问题，并让他们自己创造机会。

图 4-2 中包含了驾驭动力和激发激情所需要的三个组成部分，如果缺少其中任何一个部分，个人成长则不太可能实现。

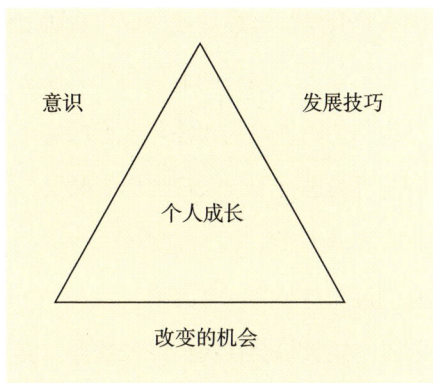

图 4-2　个人成长的三个组成部分

（1）意识——一个人需要意识到自己目前的或习惯的做法是无效的。这一结论可以在培训或评估中通过敏锐的观察得出。它也可能来自一句不经意的话，或者是一场冲突，抑或是观察到的团队的逐渐脱离。

（2）发展技巧——要想做出改变，必须拥有工具。你不能因为他人"做错了"而对他们大喊大叫，并期望他们在没有展示机会的情况下学会"正确的方法"。明智的教练或领导者认为，人们不会故意做错事，而是他们可能不知道什么是正确的。因此，领导者为团队成员提供学习机会是至关重要的。

（3）改变的机会——这包括时间和安全的空间。一个人在努力打破某些习惯时，可能会出现失误。因此，领导者为团队成员提供改变的机会并鼓励他们沿着积极的道路前进是至关重要的。

让成长中的人感到羞愧、尴尬或采取自我防卫的行为是无济于事的。你不能取笑他人，然后问他们为什么停止做他们已经开始做的事情。你也不能因为你的想法与他们的想法不同而阻止他们，或者对他们的行为进行干预以符合你的愿景。

提供机会往往是最难的，因为它需要最大的工作量及耐心。然而，它也是我们最能控制的一个因素。

需要注意的是，缺乏机会往往会降低欲望。剥夺了机会，员工的积极性就会受到不利影响。如果你的团队成员被派去参加培训却没有机会练习他们学到的技能，那么他们会觉得参加培训是浪费时间（这可能会延伸到其他类型的培训）。如果没有机会练习，即使学会了这些技能，它们也会不断减弱，直至变得生疏。此外，如果员工在加入公司时的积极性很高，但日后发现没有发展机会，那么他们的积极性就会减弱，并可能在其他地方寻求新的机会。

请记住，大多数人都有个人成长动机，你会怎样创造机会呢？

变革者：让人们有机会在更大范围内表达激情

阿育王大学（Ashoka University）的变革者宣言是一项全球战略计划，旨在培养学生成为变革者。自 2008 年以来，全球已有 500 多所实施变革者宣言计划的校园，这些校园不仅本身设计新颖，[1] 而且在教学方面也做到了创新，例如，鼓励学生认识社会问题并利用他们从学科中学到的知识来解决这些问题。

其中一个例子来自北安普顿大学（the University of Northampton），一名研究慢性阻塞性肺病（Chronic Obstructive Pulmonary Disease，COPD）的学生为患者成立了一个合唱团，通过增进他们的友情，将团结和乐趣融入合唱团，所有参与者都取得了巨大的进步，同时他的工作还在全国各地得以复制。这名学生有动力、有方法，变革者中心给了他机会。

虽然获得资金并不容易，但如果有动力，而且没有人说你"不能"，那么为什么不跳出标准操作程序呢？

当然，这样的机会不会影响你的本职工作，而是让你的激情和动力绽放。

提供健康的学习环境

回想一下，当你还是一个蹒跚学步的婴儿时，环境中充满了

---

[1]　北安普顿大学水边分校（University of Northampton，Waterside）是该组织的成员之一，它不仅满足了学生的需求（如应学生的要求拆除了演讲厅），以进行更多的"研讨会式"教育，还将一处废弃的场地改造成了一所屡获殊荣的校园，甚至还拥有自己的生物质能源中心和区域供热计划，以作为其可持续发展承诺的一部分。

支持的声音，时间也很充裕。你不用急于求成，也不用在最后期限前掌握一项技能，即使你摔倒了也没关系。这是最合适的培训环境。你的团队能拥有这样的环境吗？

● ● ● **反思**

> 你提供了什么样的培训？如果大部分培训是基于硬技能的，那么你肯定会拥有一支装备精良、有能力的团队，但这对于点燃激情的火焰几乎没有什么作用。

> 如果你确实提供了软技能的培训，那么你是如何提供的？

> 团队成员能否抽出时间进行专门培训，或者在办公室里进行培训？

> 另外，还要考虑到实践能力。通常情况下，当你花一点时间来反思培训成果时，其中有多少（尽管它可能是鼓舞人心的）是一系列的模型和理论，你有机会实践这些模型和理论吗？培训为你提供了机会，但如何才能最好地优化它，以创造一个强调学习而不是教学的环境？

● ● ●

● ● ● **反思**

你要指导你的团队成员成为像你一样的优秀领导者，你会怎么做？你可能已经：

> 知道优秀领导者应该具备哪些品质，并将其转化为一项活动，并且让团队成员列出他们所钦佩的品质；

❯ 要求他们阐明领导者必须承担的任务；

❯ 给他们提供需要解决的领导力问题的情境；

❯ 让他们分析案例研究中的领导者所犯的错误，以及犯这些错误的原因；

❯ 要求他们评估不同领导方法之间的差异；

❯ 允许他们创建自己的宣言来领导自己的团队。

● ● ●

也许你已经注意到在上述培训大纲中使用了布卢姆（Bloom）教学目标分类法。这是我们鼓励培训师使用的方法之一，以便学习者通过不同的思维层次达到学习效果。

布卢姆将学习目标分为六个阶段，每个阶段都能引发更深层次的学习。

（1）记忆：认识并记住知识，这一阶段从对一个主题的基本理解开始。

（2）理解：进入理解阶段，学习者理解内容并掌握知识的意义。

（3）应用：把学到的知识在理解后运用到新的问题和情境中——有时对一些学习者来说可能已经足够了。

（4）分析：通用分析从理论上或更广泛的方法上理解该领域。

（5）评价：评估它。

（6）创造：最后，通过使用所学知识创建自己研究主题的方法，从而掌握所学知识。

如果你提出了类似上述的建议，那么这肯定会是一门令人非常满意的课程。你的学员们将有机会进行反思，甚至是实践，也许你还能激励他们向领导者发展。

学员在离开课堂时，会觉得自己在领导力方面得到了很好的培训，但不一定有激情去理解为什么提升领导力很重要。你怎样才能让他们像领导者一样思考而不是只学习理论？成长是吸收知识，而不仅仅是学习知识。

运用 SWOT 分析法和成长教练模型培养领导力思维

我们中的大多数人都熟悉 SWOT 分析法——我们在第 2 章中介绍过。

（1）设定一个领导力目标，并要求他们进行 SWOT 分析（见图 4-3）。

- 机会：有哪些可追求的机会？
- 威胁：这个行动方案的潜在威胁是什么？

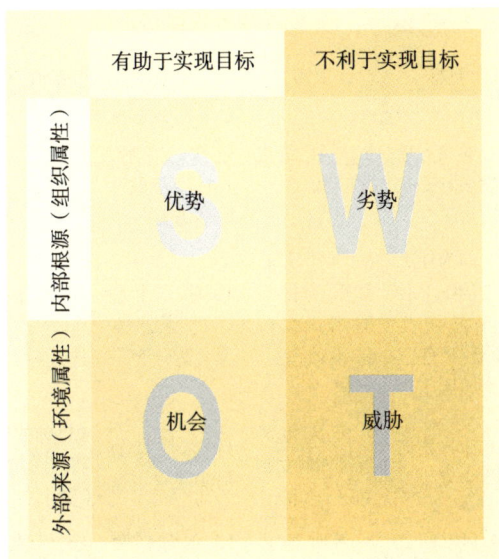

图 4-3　SWOT 分析

- 优势：我们目前的优势是什么？未来我们需要具有哪些优势来获得机会并避免威胁？
- 劣势：我们目前的劣势是什么？我们需要在哪些领域进行建设，以抓住机会并避免威胁？

（2）要求他们使用表 4-1 所示的成长模型，制定行动要点，以帮助他们实现第一部分中确定的目标（注意确定的劣势和威胁）。

表 4-1   成长模型

	目标	现实	选项	采取行动	
什么	1.你希望发生什么	5.现在发生了什么	9.有哪些可供选择的方案/你已经考虑过哪些方案	13.考虑到第11条,你现在会怎么做	战略
为什么	2.你为什么希望这种情况发生(至少有三个原因)	6.为什么必须改变目前的情况?如果不改变会怎样	10.哪一个是你的首选方案,为什么	14.为什么这个方案是首选方案	推进
怎样做	3.你将如何让它发生	7.你认为情况是如何发展到这一步的	11.你打算如何实现它	15.你的目标将如何实现(第1条)	机会
何时	4.何时你会实施这个方案	8.何时你认为改变是必要的	12.何时你会注意到结果,你在寻找什么	16.何时(及由谁)采取这一行动	成就
可能出现的问题	请注意,这一部分不需要填写,但如果你有任何问题,将它们记录下来将有助于你保持对它们的了解,你应确保即使选择替代方案,仍然可以取得进展				替代行动
—	**结果** **集体的** 对设想目标的理解——最理想的结果是团队的承诺	**结果** **集体的** 了解当前的现实,以及它是如何形成的——这有助于在未来避免这种情况的发生	**结果** **集体的** 对所选战略的承诺	**结果** **集体的** 对行动计划和积极行动的承诺	—

（3）根据他们确定的第 13 条至第 16 条，为每个小组规划具体的行动。

这两项练习结合在一起，不仅会让他们思考他们面临的问题或他们将要实现的目标，还会让他们思考如何制订一个有效的行动计划才能实现这些目标。做得足够多，他们就会走上自己的领导之路。

领导者的角色

当你具备了学习的能力，并意识到经验才是最高效的老师时（尽管智能化和实际支持总是有帮助的），你的角色就变成了一个指导者。你在鼓励"A 计划"的同时，也变成了鼓励"B 计划"！

这意味着，当你的团队成员向你征求意见时——他们很可能仅仅因为你是领导者而这样做——说明你已经做了什么或可能会做什么，但要清楚这只是一种可能的方式。

你不再要求他们采用你的解决方案，而是给他们提供了一个过程，通过这个过程，他们可以确定自己的解决方案，并将其反馈给你。

经验丰富的领导者能为自己的团队提供（而不是压制）思维过程的指导，而不是解决方案。

试一试

与其提出解决问题的可能方案，不如告诉他们你的经验。

以培训为例，当被问及如何组织培训课程时，我建议学员思考结果及如何实现目标，而不是教授如下文所示的"四阶段教学计划"。

- 激发好奇心 / 启动活动。
- 提供关键信息。
- 自我导向型学习活动。
- 全体会议 / 反思。

这样一来，提问的人可能会设计或找到自己的方法，你的经验给了他们一个跳板，让他们知道如何完成这项任务。

硬技能和软技能的区别

韧性，就像领导力的许多要素一样，并不是一项硬技能。韧性是指你知道自己能够（且一定会）找到一条出路。具备韧性的人可以处理那些还没有解决方案的问题，并且可以充满信心地去做。它是一种能力，让你知道自己有实力和能力从你所处的任何困境中复原（有时反弹得更高）；它是一种相信自己付出努力就会成功的信念；它是一种意识，你知道应该向谁询问，并且会实际去询问；它是一种创新或开辟出的一条新道路——即使没有地图；它为你保存战斗的力量，而不会让你陷入耗费宝贵精力的琐碎事务中；它因为你拥有它，而对你所拥有的一切心存感激。

这些技能是可以被激发的。它们可以被培养和引导，特别是被才华横溢、经验丰富的领导者所培养和引导，但是，它们不能简单地被教导。

工具包

现在就开启韧性模式

行动

如果你能确定自己所热衷的事情，那么就看看你能否找到一种方法将其融入你的日常生活。这可能是专业的，也可能是个人的，或者两者兼而有之。有时候，你可以通过行动而不是空谈来成为最好的倡导者。即使你是一个伟大的演说家，或是一个有影响力的人，通常他人也是通过观察你，才会意识到你的影响力。

实践

做一件自己感兴趣的事，然后试着在第二天重复做这件事，再重复做……

应对

改变永远不会太晚——即使你一直在以一种特定的方式做事，而你现在才开始质疑它是否有效。你可能会发现，你需要付出更多的努力，才能坚持你的新行为，而其他人可能会对你的新行为感到惊讶。如果你有信心采取不同的方法做同一件事，最好现在就开始，或者根本不开始。变化的影响在任何时候都是一样的，你越早做出改变，你就越容易适应这种改变。

实践

如果你受到启发，想要做一些不同的事情，那就去做吧。然后在几个星期后反思一下，看看效果如何。

优化

注意到你的团队中有什么特别之处吗？也许是爱好、兴趣，或者是与组织无关的东西，但这些对其他人来说可能是有帮助或有趣的。邀请他们谈论这些特别之处，甚至成立一个组织俱乐部。

实践

善于观察。你最好的资产是你周围的人。意识到一些他们可能没有意识到的事情会产生积极的影响，你不仅为他人提供了受益的机会，而且以一种他们可能没有预料到的方式认可了他们。

准备

请记住，韧性不是关于"如果你知道自己不会失败，那么你会怎么做"，而是"如果你知道自己的努力是值得的，那么你会怎么做"。任何值得拥有的东西都需要付出努力去争取，除了障碍或挫折外，你可能会有盟友，你会得到支持，你能实现目标，你会在旅途中获得成就感。

实践

你知道没有快速的解决方案，但你和你的团队正在建立信心。即使失败，你也可以从中汲取教训。所以，如果你想要，那么就迈出这一步吧！

蓬勃发展

当你有一个能够找到答案的团队时——因为你能够营造支持他们学习的环境，那么成功的结果是无限的。我们要做的是培养而不是教导。

实践

尝试并鼓励你的团队对他们有信心的事情负责，你可以让他们提供反馈。小步骤有时是建立信心的最好方式，它能支持你正在做的所有其他工作。

笔记

我做了什么   日期

反思（日后）

我的想法现在发生了怎样的变化

第 5 章

建立迅速响应的网络

问问自己：谁在你的网络中？

你最初的想法可能包括客户、利益相关者、团队、整个组织……是的，他们很重要。但是，你周围的团体——在你所在的地区生活和工作的人——也很重要。也许你所在地区的文化有助于你的企业长久发展，也许学校正在培养未来的工人，也许你可以与当地人合作，对整个社会产生更广泛的影响。

团队成员的招募是一个经过深思熟虑的过程。当扩大规模以形成一个迅速响应的团体时，这是一项更加重要的任务。很多时候，希望得到回馈的组织会大肆宣称"带来工作机会"，但除非团体具备条件，否则这些机会最好的情况是失去，最坏的情况是需要额外的干预，这可能要付出时间、资金，甚至是怨恨的代价。

本章鼓励你从更广泛的网络出发考虑你的组织。这包括你的团队、客户，也包括所有与你合作或你寻求支持和包容的人。作为一个整体，这个网络有助于增强你的力量，它可能会形成新的积极联系，也可能在某些地方，你们的道路不再交织在一起。无论哪种方式，都可能会决定你能否成功——所以要注意你周围的人，以及你自己。

> 请永远记住，即使你觉得有人在帮你的忙，你可能也给了他们一个好价钱。你要平等思考。

●●● 反思

如果你想让当地的某个组织参与一个新项目，那么你会把哪些工作外包出去？对于每一项工作，请思考下列问题。

> 该组织是否有足够的资源（材料、人员、资金、培训等）来满足项目的全部需求？

> 该组织在哪些方面有所欠缺？

> 我的组织如何帮助该组织满足未来的需求？

> 就目前的情况而言，我可以合理地将哪些工作外包出去？

●●●

我曾有幸在布鲁内尔大学（Brunel University）、北安普顿大学、埃塞克斯大学（Essex University）和布拉德福德大学（Bradford University）工作，它们设有酒店、会议中心、艺术中心和餐厅等，构成了酒店管理、市场营销、戏剧等专业的学生工作经历的一部分。我们鼓励学生不仅要在这些机构内接受培训，而且要发起和运营他们自己的活动和项目，以便在需要时可以随时在支持性的环境中获得经验。许多职业教育也很重视现场培训。

然而，要真正建立一个团体，与拥有必要的技能同样重要的是激发人们留在这个团体的愿望，从而留住你精心培养的人才。

这需要更多的合作。

● ● ● 反思

> 如果你有机会提供培训，那么你能否从相关企业中了解到培养什么样的技能最有效？

> 你如何与其他企业合作，以建立一个能够满足当前需求和未来需求的团体？

● ● ●

竞争还是合作

竞争一直是经济增长的一个因素。企业需要提高自身效率，以保持市场份额，凭借这种成本优势（生产力较低的企业可能会退出市场），企业可以使其产品与众不同，并持续创造收益。

　　这种长期坚持的、成功的商业方法能否与建立团体所需要的合作相适应？答案是有可能的。

　　在《领导者正念指南》(*The Leader's Guide to Mindfulness*)一书中，我讨论了蒂姆斯（Timms）提出的以下三种创新类型的价值：

- 核心性创新；
- 相关性创新；
- 颠覆性创新。

　　核心性创新是指开发一些对企业来说已经很常见的东西，如产品差异化。

　　相关性创新是指从周围其他人的技能中获取开发新事物的能力。

　　颠覆性创新是指对企业、城市、国家，甚至对世界来说，开发出完全新的东西。

　　相关性创新可能是最有利于组织发展的。

● ● ● 反思

> 什么时候让团体中其他人参与进来，并充分发挥他们的才能会更具成本效益或资源效益？
> 怎样才能鼓励团队成员与其他人建立联系？

试一试

团队（尤其是非预算负责人）关心的问题可能是：我如何为合作提供资金？

起草一份你可以与之合作的机构名单，包括它们的联系方式和影响预算的因素。

合作者	联系方式	影响预算的因素

合作时，需要注意的一个潜在问题是：谁对什么负责？当鼓励主人翁意识时，这一点尤其重要。拥有一个清晰的体系也很重要，这个体系不仅为合作提供资金，还明确了项目的职权范围，以及第一联系人和拥有签字权的负责人。

试一试

一旦你为你的团队定义了合作的范围，你们就可以以项目为基础做拓展了。

项目	合作者和预期贡献（如适用范围、交付日期）	提供服务的地点、联系方式、合作者	最终签署人

　　你不需要把这个表格交给你的合作伙伴。他们的费用很可能是根据他们的预期贡献商定的。但如果你的团队牢记这一体系，那么这将是一种简单的方法，它能确保每个人都做出预期的贡献。随着你参与更多的合作，这个表格甚至可能成为你习惯性思维的一部分。

　　值得注意的是，这些确定体系的方法是可以调整或改变的。这并不是说我希望你以我的方式定义你的工作，而是希望你自己定义自己的工作——随着你的组织的发展，这将尤为重要。对那些习惯于在层级体系中工作的人来说，这可能更容易，但无论你希望采用多么扁平的体系，拥有一个体系仍然很重要。

为什么体系很重要

　　体系之所以重要，是因为界限很重要。

在战场上，当士兵太强而他们的军官太弱时，结果就是士兵不服从命令。当军官太强而士兵太弱时，结果就是毁灭。如果士兵不服从命令，那么当他们与敌人相遇时，在军官还没来得及判断是否投入战斗状态前，他们就自顾自地开战了，结果就是毁灭。如果军官软弱无能、没有威信、命令不明确，并且没有为士兵分配固定的职责，结果就是彻底的混乱。

庆幸的是，我们不是在讨论战场上的领导力，但我们可以从中得到启发。我的祖父通过教学培养领导力，他强调以下三个关键信息：（1）领导者的性格稳定将比聪明才智更能发挥作用；（2）领导者应协助那些比其发展得更快的人；（3）不仅要看一个人的智慧、能力或性格，还要看他是否懂礼仪，能否与他人友好相处。

在《领导者正念指南》一书中，我重点强调了领导者在自己身上打下坚实基础，并在团队中培养坚实基础的重要性。这通常是通过善意和反思来实现的。但是，如果在这方面做得太多，那么你可能会拥有一支开明却没有行动力的团队。

有条理、有方向、有同情心、有真诚是很重要的，但这些仅仅是开始，正念可以让你平静，韧性会武装你。

蒂登斯（Tiedens）和齐泰克（Zitek）回顾了关于员工对等级制度的看法的研究，研究表明，等级制度明显让人感觉更舒服。平均主义的体系在很大程度上没有意义，它很可能会导致混乱。通俗地说，我们希望知道自己在关系中的位置，因为这使我们更容易知道自己和团队期望什么及如何行动。

● ● ● **反思**

　〉 我的团队成员了解他们所需的沟通渠道吗？

　〉 我的团队成员了解他们的职责范围吗？

　〉 如果不了解，请说明原因。

● ● ●

你不需要做所有的事情

你无法做到面面俱到，因为你只能把几件事做得很好。但是，拥有广博的知识是很有帮助的，这些知识在危机时刻尤其宝贵。

我拥有法律、历史、教育、商业的学位，以及健美操、戏剧、表演和救生员方面的专业资格。我的职业生涯把我从一所乡村小学（这可能是我最艰难的工作）、公关工作，以及多年的导演和排演戏剧的经历，带到了《007：幽灵党》（*Spectre*）的拍摄现场。我非常幸运有这么多学习的机会，经历了许多工作角色，这意味着，我对组织风格有了广泛的了解——什么是有效的、什么是无效的，以及我适合在哪里工作。我从来没有后悔过拥有这种不拘一格的背景。排演戏剧意味着我可以管理项目、管理不同的技能组合，它还让我对细微差别和肢体语言有了深入的了解，这是无法从书里学到的。我把自己的写作能力归功于法律、教育等学习经历，无论写文章和书，还是写投诉信和评论，都能促使我提升写作能力。心理学是我的激情所在。每一项技能都是可以迁移的，你必须认识到这一点。

在一款名为 Pandemic 的游戏中，四个人组成一个团队，你要选择角色来消灭一种疾病。我们总是习惯于选择专业的角色，如医生、专家、研究员、调度员，他们都有相应的职业能力，可以帮助你实现目标。例如，医生可以更有效地治疗疾病，调度员可以移动你的角色位置，等等。在《传奇》（*Legacy*）第一季中，我们可以选择一个不寻常的角色——"多面手"。她唯一的能力是"多一个回合"。

你会选择她吗？

事实上，在我们输掉的每场比赛结束时，我们都会说："如果我们再来一个回合就好了。"

在《传奇》第一季中，你可以升级你的角色。他们可以被赋予额外的能力、技能及优势。在我们输掉第四场比赛后，也就是在战役进行到一半的时候，我们共同意识到，我们应该从一开始就使用"多面手"并升级她。

当然，在 Pandemic 游戏中，到那时已经太晚了。但对组织来说还不算太晚。

在培训中，我总是教导学员，拥有可迁移的技能是至关重要的。这意味着，你可以做很多事情——只要你认识到所需技能的本质。除此之外，拥有与生俱来的学习能力，并且在开始学习的时候就能达到 70% 的熟练度，与那些在花更长时间学习后能达到 99% 的人相比，你是非常有优势的。

2020 年，一些劳动力不得不"闲置"，另一些则被暂时解雇。这就减少了可用技能的数量。如果你能做其他工作，或者学会做这些工作，那么你就会成为极其宝贵的资产。这是一个替补演员成为明星的时代。

把握时机胜过创造时机。

试一试

虽然有一个人可以填补某个空缺，但不断升级这个角色也是很有帮助的。如果你的组织内的"多面手"希望获得专业化技能，那么就给他们机会。不过，在危机时刻，明智的做法是发挥他们的通才价值——此时，他们的适应能力意味着他们能够抓住机会，成为明星。

> 找出你的团队中的"多面手"（精通多个领域的人）。
> 如果情况允许，认可他们的能力，并询问他们是否愿意专注于某个特定的领域（也许你可以提供一系列选择），然

后教会他们这样做的方法，例如，专门将他们分配到这个领域的一个项目中。

❯ 找出你的团队中的专家，并询问他们希望发展的次要领域（同样可以提供一个预先准备好的选项）。

●●● **反思**

如果你有机会承接一个利润丰厚的项目，但你并没有掌握相应的技能，那么你将如何接手？

●●●

如果你的团队中没有接手项目的合适人选，而且培训他们既不划算又浪费时间，那么就考虑一下你可以与谁合作，以及以什么为基础进行合作。

在这里，体系是至关重要的，有了它，就可以避免业务人员之间相互篡夺业务，或者在客户投诉时互相"甩锅"。如果你已经有了一个工作团队的体系，那么引入一个承包商就会容易得多。

试一试

外包

❯ 如果有基于实地或政府的倡议，那么这可能对你的工作有帮助。

> 哪一个团队是你的直接团队？团队成员具备哪些技能？

> 你所在领域未来的发展方向是什么？你需要做什么来保持
  竞争力或开拓新的天地。

然后，开始接触、联系。

不必成为一个无所不能的人

根据上面的观点，知道自己在某个方面的能力不如他人也没
关系，你可以要求培训，或者把工作交给承包商去做。

● ● ● **反思**

> 你觉得你和你的团队成员缺乏哪些技能？

> 在这些技能中，你觉得学习哪些技能是有益的？有什么机
  会可以获得这项技能培训？

> 在那些你觉得没必要学习的技能中，你知道谁能填补这一
  空白吗？

虽然这看起来是一项相当简单的任务，但许多人害怕承认
他们不是无所不能的。对一些人来说，反思一下当环境发生变

化时，他们不知道的事情在他们的领域是否重要，或者在需要这项技能时他们是否愿意与他人合作，这将会有帮助。有争议的是，最有效的领导者原则上知道他们工作的大部分内容应该如何完成，即使他们没有能力或时间来完成这一切；但认为自己"必须做所有的事情"并不是一个好的想法，试图把所有事情都留给自己的领导者或团队成员，会错过增强团队整体能力的机会。更糟糕的是，这可能会导致团队成员因为害怕分享而积压他们的工作。

试一试

以下内容是根据迈克·布伦斯（Mike Burrows）在 2017 年的雅典项目管理会议上提出的练习改编的。

你需要：

> 3 ~ 5 个人；
> 1 张图表；
> 1 个骰子；
> 3 ~ 5 张小便利贴（最好是不同颜色的便利贴）。

说明：请每个人在 5 张便利贴上写下自己的名字，编号为 1 ~ 5。

游戏的目标是将图表每一栏中所有的便利贴移动到"完成"一栏中。

规则：通过轮流掷骰子来移动便利贴。

当你得到的是奇数（1、3、5）时，你可以选择开始一项新任务

（即把便利贴贴在"开始"一栏），或者向前推进你已经开始的任务。

当你得到的是偶数（2、4、6）时，你不能继续完成你已经开始的任务，但你可以开始一项新任务，或者继续完成其他人已经开始的任务。

开始	第 1 阶段	第 2 阶段	第 3 阶段	完成

当你观看各队的比赛时，你很可能注意到了积压的任务，因为当人们得到一个偶数时，他们会不断开始新的任务。只有那些互相帮助的团队才会完成该游戏。5 ~ 6 分钟后，或者当你看到积压的任务时，你可以引入一条新的规则。

新规则：每一列中的任务不能超过 3 项。

在没有明确告诉团队成员要互相帮助的情况下，为了遵循这条规则，他们会开始将彼此的任务转移到下一列。这意味着，如果他们不能完成自己的任务，那么他们通常会为其他团队成员提供帮助。

这将使你们能够就合作的重要性展开讨论。

需要注意的是，使用掷骰子的方式是因为不可预测的因素非常像生活中的现状。如果偶数意味着你必须帮助其他人完成他们的任务，那么该怎么办？这个游戏让你能够将项目的整个过程视为团队的努力，而不仅仅考虑自己的任务。

你对未来的展望必须基于现在

在寻求一个能够协作和迅速响应的网络的过程中，重要的是不仅要有实用性（如培训、工具和本章前面讨论的其他要素），而且要有所有参与者的承诺。

不幸的是，随着"左右摇摆"文化的发展，人们变得越来越疏远，而"基于项目"的工作方式在一致性、忠诚度和互惠性方面大受影响。当你寻求成功时，也要记得承认和欣赏你所拥有的。

试一试

> 确定你的未来愿景（例如，你将做什么，你将如何产生影响）。
> 确定谁将帮助你实现这一目标。

上述两份清单都很重要，有时推动第一份清单而不总是承认第二份清单会更容易。你能否在每次推动第一份清单追求一个绝佳机会的时候，确保补充第二份清单呢？

分清轻重缓急，明智地决定将精力用在何处，是成长过程中一个重要的组成部分。

工具包

现在就开启韧性模式

行动

请记住，你优先考虑的是现在和未来。

实 践

确定团队中你重视的人，认可并感谢他们的贡献。不需要长篇大论，也不需要大张旗鼓，只需要简单的赞赏之词就行。

应对

花一些时间思考你希望你的组织在未来产生的影响，以及你需要具备哪些技能才能以一种可持续的、有竞争力的方式实现这一目标。

实 践

至少采取一项行动，开始填补自己的技能缺口。例如，通过联系其他网络中的人，或者找出你当前网络中能够有效合作的人。

优化

确保你的努力得到指导，并能够不断优化。虽然韧性是指在需要的时候能够从头开始，但如果你要花力气去做出改变，最好是物尽其用！人们经常发现自己在重复一些事情（及他们无法控制的事情）。虽然你只能考虑那些可以合理预见的事情，但这仍然比仅仅因为你有了灵感而急于向前冲要好。灵感是一件美妙的事，有时你确实需要抓住机会，但深思熟虑后的行动可能会更加有效。

实　践

　　想一想你对未来的展望，这样你就能更好地寻找那些对你的进步最有帮助的机会。

准备

　　如果你打算与人合作，那么就要想清楚你的选择。一位将军的成功不仅在于他了解自己的性格，还在于他了解敌人和环境。

实　践

　　要知道你周围有哪些资源，看看你周围的组织是如何运作的，他们的目标或议程是什么，以及他们的员工的行为。同时也要超越眼前的环境去寻找更多的合作机会，并且充分挖掘你在组织中所拥有的潜力。

蓬勃发展

　　别忘了你为什么会热爱现在的工作，要在工作中燃起激情之火。阿科尔（Achor）等人的研究表明，人们通常会被有意义的工作所激励，所以请记住，是什么让你从事你现在的工作，并留意这是否仍然是你工作的一部分。

实践

在你的工作中，每天有意识地努力做一些你喜欢的事情。如果你是因为喜欢与人交流而从事你的工作，那么就去交流吧；如果你是因为自己能够带来积极的影响而来到这里，那么就想办法承认和庆祝吧。但无论吸引你的是什么，你都会在日常工作或忙碌中迷失，除非你花时间记住它的存在。记住这一点将有助于你保持专注，尤其是在你持续成长和与他人进行合作的过程中，因为这意味着，你前进的方向仍然清晰。请注意，如果你的方向改变了，那也没关系，只要你始终对最终目标有清醒的认识就好。

现在就试试这个简单的确认行为：我喜欢自己的工作的原因之一是……今天我很期待……

试着让你的团队成员也这样做吧！

笔记

我做了什么　　　　　　　　　　　　　日期

反思（日后）

我的想法现在发生了怎样的变化

第 **6** 章

做一个真实的人

我们常常在"适应性自我"中迷失自己，而这个角色是由期望、我们所做的事情，以及我们所扮演的角色塑造的。做真实的自己不仅会给你一种完整的感觉，还能让你实现工作角色和生活角色之间的融合，进而提高你的领导力，以及你的个人影响力。一个强大的"适应性自我"是我的学员经常遇到的问题——他们扮演了太长时间在职场上或社会上（如父母）的角色，他们总是不确定自己是谁，他们还担心，如果他们突然做出一些被认为是与身份不相符的事情，那么其他人会怎么说。

与真实性自我的斗争似乎在于"面子""尊严"，或者"专业性"。请注意，真实并不意味着伤害他人，或者对你自己选择的行为的后果免责。它只是意味着将"你"（行动者及你所扮演的角色）作为一个整体来探索。

面子问题

"爱面子"在东方文化中很普遍，而这个概念对西方世界来说也不陌生。不同的是，在东方文化中，"面子"更多的是与社会和谐有关；而在英国和美国，它更多的是关于个人及个人的诚信和真相。我在一个东方国家的家庭长大，但在英国，我经常纠结于我需要保存和给予的是哪种"面子"。

从社会学角度来看，东方文化淡化了个人的概念。随着对集体的强调，自我意识相对较弱。西方文化倾向于将个人视为独立的自力更生者，在这种情况下，行为不端往往被归咎于缺乏自尊。

东方国家的人可能会"留面子"，以保持工作中的和谐，但在一天结束时，朋友之间就会放轻松；在英国和美国，潜在的敏感或关心的一面可能被隐藏，因为他们渴望展现一个强大的自我。

作为一名领导者，你将会穿上某种"外衣"。但无论你穿上哪种"外衣"，你都需要知道，当你脱下这身衣服时，你是谁。

了解自己的角色，同时真实地行事，将有助于团队成员间的互动。因此，这是我对你提出的挑战。

试一试

　　本章为你提供了 12 种方法，你可以通过这些方法来探索你是一个什么样的人，并将其应用到你的领导力中。我已经列出了它们，这样你就可以每个月尝试一种方法。当然，你也可以同时尝试这些方法，然后重复有效的方法，告别其余的方法。不管你喜欢什么，每种方法都只是一个提示。这有点像自我指导。

　　你准备好迎接未来一年的真实生活了吗？

第 1 个月：活出你的本性

反思

　　回想一下第 1 章中"活出你的本性"的练习。现在花点时间反思一下，你是否已经能够活出自己的本性？如果你做到了并做得很好，那么反思一下，你觉得什么是特别容易的？为什么？如果你没有做到，为什么？

　　需要提醒的是，你的本性（它对生命来说就像氧气和心跳一样重要）包括你的价值观、兴趣、气质、生物钟（如习惯早起或晚起）、生活目标，等等。如果你每天至少能够参与其中一个，那么你可能会感到更踏实，同时对你是谁和你在做什么感到更自在。如果你经常与自己的"本性"发生冲突，那么你可能会感到一种持续的不安，因为你在努力地（有意识或无意识）适应一个对你来说不自然的角色，即使你成功地管理了"适应"。

虽然你可能非常成功地扮演了一个角色，但我要求你考虑一个问题：年轻时的你会愿意以现在的你作为榜样吗？

我之所以以这种方式提出这个问题，而不是更传统的"年轻时的你会为现在的你感到骄傲吗"，是因为你可能已经获得了一些你年轻时甚至不知道会存在的东西。更重要的是，除了成就之外，还有一个根本问题：你是自己希望成为的那个人吗？

如果你总是在"玩游戏"或"扮演角色"，那么你怎么能指望他人真实地参与进来呢？而且，如果你觉得自己内心不完整，那么无论你变得多么成功，这真的是你希望成为的样子吗？

真实并不是无视专业精神的需要，而是要欣赏工作之外的东西。我将在下文中对其进行更深入的探讨。

试一试

你可以尝试每天至少在你确定的"本性"中做一件事，那么你会有什么样的感觉？

第 2 个月：专注于你的情绪表现

　　1983 年，阿利·罗素·霍克希尔德（Arlie Russell Hochschild）将情绪表现定义为一种社会建构的行为，即员工根据工作任务和组织规范在工作中使用特定的情绪管理策略。这种情绪表现需要思想和感觉的协调。

　　对霍克希尔德来说，情绪表现是指符合组织规范的情感的外在表现。她提出，有时这些规范是由从业者应当遵守的规则来定义的（例如，护士应该表现得平易近人、富有同情心）。

　　人们往往期望领导者是"多面手"。在霍克希尔德的理论中，最突出的论点是情绪表现的消极后果——员工与他们自己的感受的疏远。对于那些被期望应当具有激励性，同时具有远见卓识，具有支持性、直接性、高效性、进取性，并且能够根据情况进行调整的领导者来说，这也会导致他的职业和个人感受之间的不和谐。如果一种情绪的不断流露（如幸福），与一种不同的内在感觉相反，意味着情绪表现是有代价的。在自我意识淡薄的前提下，你可能会因为对一个不领情的团队成员微笑而感到不适，并且会对恰当的情绪表现打退堂鼓，或者让你的平易近人变得虚假、不真诚。

● ● ● **反思**

> 你是否经常发现自己是在以专业者的身份说话，而不是在表达自己的真实感受？

> 当这种情况发生时，你是否有机会表达你的真实感受？

● ● ●

请注意，虽然向伴侣或其他你所爱的人表达（或发泄）挫折感是很常见的，但这并不总是最好的选择。你所爱的人只是想给你最好的，但他们往往会被自己的担忧所吞噬。

● ● ● **反思**

> 是否有人可以为你提供指导？

> 你是否可以向其他处于类似情况的人寻求支持？

● ● ●

向你的团队成员表达挫折感并不会对你有帮助，即使你和他们的关系很好。如果他们喜欢你，这可能会影响他们对自己与组织的关系的看法。而且，他们的存在不是为了支持你，处理你的问题不在他们的职责范围内。此外，他们就像你所爱的人一样，可能根本没有帮助你解决问题的经验。因此，要么找机会把事情说清楚，找到一个解决方案，要么向有特定经验的人寻求建议，这将是最有帮助的。

试一试

反思一下你的情绪表现，并确定你会以什么样的方式表达情绪。另外，如果你像玻璃杯一样不断地容纳他人的焦虑，而你又没有出口，那么你就不再是一个有用的容器了。

第 3 个月：有意识地生活

在圣诞节期间，我决定给我的朋友们一份特别的礼物。我给了他们金钱，用来替代礼物，但是明确告诉他们要有意识地使用这些金钱。这导致了一些有趣的结果——家庭出游、捐款，以及款待自己和他人。重要的不是他们用金钱做了什么，而是他们对金钱的思考。他们都表示，因为已经深思熟虑了，所以对自己的支出感觉更快乐。他们还说，这让他们对自己的其他消费有了更多的思考。在这个习惯了过度消费的时代，这很有帮助！

真实地生活并不是要求你必须喜欢你做的每一件事，而是知道你在做这件事时是自己有意识的选择。通常，尤其是当你拥有丰富的经验时，你的生活就会开启自动驾驶模式。你不必改变你所做的任何事情，但你需要意识到，你做的哪些事情会对你的行动产生影响。

做出改变非常重要。也许你会下意识地认为："我必须和客户一起吃晚餐。"但是，有意识地思考会让你想到还有其他潜在的选择。

试一试

当你享受工作时，或者当你不享受工作时，在心里记下来……然后看看你能否更多地参与你喜欢的部分，并在那些不那么令人愉快的方面找到一些积极的因素。

你可以有意识地选择自己的行为。你会发现，当自己以某种方式行事时，你还能发现其他更有效的行事方式。

第 4 个月：策划你的生活

请注意，这项练习可以与客户、团队或好友一起进行。

● ● ● 反思

> 什么时候、什么地方、和谁在一起让你觉得最自在？为什么？
> 如果你说出自己想说的话，或者说出你对其他（特定的）人的感受，那么会发生什么？

> 为什么你和他们在一起时不那么真实？

改善关系

"与你一起开始新的一年的人并不总是与你一起结束这一年的人"，这句话经常会让人感到悲伤和遗憾，它意味着友谊和关系的改变。

你要意识到，最重要的是，你选择了一段关系，而不是它们选择了你！

如果我有太多选择怎么办

如果你有得天独厚的特质，能吸引人们到你身边——例如，美丽、善良、慷慨、才华——那么可能会有许多人想留在你身边。这往往是魅力型领导者的真实写照。不要忘记，你的时间和精力是宝贵的、有限的资源，所以你要明智地使用它们！

选择关系就像选择衣服一样，但要选择真正的衣服——不是你头脑中的想法，也不是穿在模特身上的衣服。选择适合你的衣服，就能增强你的魅力，然后照顾好这些"衣服"！

在一段关系中，双方都要付出努力，这也包括你的客户。我们都有需要履行的承诺和优先考虑的事情，年轻时的激情可能已经不在了。但是，所有的反思都是有意义的。

● ● ● 反思

> 你会如何预见一段能让你快乐的关系？不幸的是，你不能
> 把一个特定的人放在那里，因为他们总会有自己的选择，
> 但你可以对你寻求的人的类型有一个设想。这可能是你想
> 要与之合作的客户的类型，或者是你希望加入你的团队的
> 人的类型，友谊也是如此。

> 阐明你想在他们身上得到什么价值，以及你不愿意接受
> 什么。

> 明确你希望他们能认可你的哪些价值，然后专注于实践你
> 的价值观，并且做出相应的选择。

试一试

　　仔细审视你的人际关系（包括你与你的团队的关系，你与客户
的关系）。

● ● ● 反思

> 哪些关系是对等的？
> 哪些关系能带给我快乐？
> 哪些关系是鼓励诚实的？
> 哪些关系是我可以依赖的？

> 哪些是我尊重的人的价值观和行为？哪些是我主动想选
择的？

● ● ●

第 5 个月：角色的变化

● ● ● **反思**

> 是什么让你从事这份工作的？
> 你还在从事这份工作吗？

● ● ●

很多时候，人们进入一个角色是因为他们想要做某件事。随
着他们获得经验、在工作中取得进步并获得晋升，把他们带到工
作岗位上的任务似乎就离他们越来越远了。这是那些校长、资深
临床医生等人面临的共同困境，他们发现自己的一天被大量的行
政事务消耗了，而不是在专业工作中发挥作用。

你要意识到，在领导角色中，你依然在发挥作用。首先是你
在授权你的团队，以最好的方式帮助你最初想要帮助的人。随着
你可以使用的技术不断进步与发展，你可以创造出比你当初开始
工作时想象的更大的影响力！

● ● ● **反思**

❯ 对你来说，你的工作有什么意义？

❯ 你的角色在哪些方面发生了变化？

❯ 这些变化使你现在能做什么？

● ● ●

做一个真实的人并不是要执着于浪漫的过去，而是要利用现在和未来的资源以延续最初激励你的东西。

试一试

当你环顾四周时，你是否清楚最初是什么优势让你得到了这份工作？

如果你不断地问："我为什么要自找麻烦？"或者你发现自己付出了巨大的努力，但还是得不到回报，那么也许是时候改善你的生活了（见上个月）。

第 6 个月：诚实面对自己的优点和缺点

韧性是关于成长和重建的，而不是消除过去。一旦你成为一名真正诚实的领导者，你就会用同样的方法来了解你所处的环境，以及其中的文化影响。历史上有我们宁愿忘记的可怕暴行，它们是人类发展的一部分——我们记住它们是为了避免将来发生同样的事件，但也因为它们的存在才塑造了我们和我们周围的人。

注意你的习惯性反应

通常，某些信念是在童年时期形成的一种思维过程，它们促使我们以某种方式行事。这些信念包括：

- 你真漂亮；
- 你很特别；
- 你真聪明；
- 你真勇敢。

或者：

- 你很丑；
- 你永远不会成功；
- 你太情绪化了。

这些清单是无穷无尽的，但它们都包括了一些你身边的人已经重复了一段时间的东西，而且其中会有一些真实的成分。然而，当你开始相信这是你唯一的价值判断时，它就会使你的行为发生偏差。

如果你总是被告知自己是"赢家"，那么你可能会不惜一切代价赢得更多的荣耀，而不是停下来想一想这种情况是如何发展到现在的地步的。

如果有人告诉你"你真漂亮",那么你可能更喜欢发布一张俏皮的照片,告诉大家你很美,而不是去思考为什么人们不会像你希望的那样认真对待你。

如果有人告诉你"你是一个成功的人",那么你可能会寻找下一个充满激情的项目来领导团队,而不是珍惜这段平静的时间为重要的人和事充电。

如果你总是依靠自己,那么你会封闭自己,提醒自己问题出在他人身上,而不是思考他人为什么会反应异常。

这不是真实的,这是习惯性的!这些习惯(应对方式)也许会在你孤立无援的时候帮助你渡过难关。但你现在的情况可能已经不一样了。这种反应——你获得成功的能力、你胜利的微笑、你热情的讲话、你的竞争力——有时是有效的,并将继续有效。但你的能力远不止于此。

试一试

看看你能否识别出任何有助于你的身份认同的习惯性思维过程,然后重新调整这个习惯。

> 花点时间反思一下当时的情况,哪些环节导致了你的反应?是什么让你感到糟糕、悲伤、羞愧、不安、被拒绝等?

> 考虑你可以采取的其他行动——不是现在，而是下一次，
> 如果你能更早地控制自己的话（如果有帮助的话，把它们
> 写下来）。

第 7 个月：寻求帮助时要真诚

●●● 反思

当你寻求帮助时，你是想听到他人的意见，还是想印证自己的
既定结论?

如果是后者，那么你就很难成长。

●●●

寻找能挑战你的人

能挑战你的人可能是一名教练、一个朋友、一个伙伴，甚至
可能是你在阅读的内容，或者是一种虚拟的支持——一种精神向
导。在理想情况下，你尊重他的意见，他会提出正确的问题，进
行有益的观察，而不是试图告诉你该做什么。如果你善于反思，
那么你就能准确地发现自己什么时候脱轨，而你的"向导"可以
帮助你探索你的感受。如果你专注于一个方面，那么这可能意味
着你正在忽视其他方面。你的"向导"会提醒你，当你的优先事
项被忽视时，要重新关注它们，而不是一直忽视。这种关系的关

键是真诚，只有这样才能激发彼此最好的一面。

试一试

积极寻求反馈，并在收到反馈时反思以下内容：

> 这是谁说的，他们除了改善我的生活，还有其他作用吗？
> 我想改变他们指出的问题吗？如果不想，原因是什么（只要你能自圆其说，不改变也行）？

第 8 个月：照顾好自己

那些最需要自理的人，往往最不愿意参与自理。也许这是一种错位的责任感，觉得什么都不做会有一种罪恶感。如果你是一名忙碌的领导者，身兼数职，那么你可能并不总是能提供最好的或最有益的实践，而且你也没有给你的团队树立积极的行为榜样。

下列五个简单的提示将帮助你（和你的团队）意识到你（他们）在何时会感到压力，以及如何缓解压力。

（1）倾听你的身体做出的回应（忘记那些"专家"）。没有人比你更了解自己的身体，当你的身体在挣扎时，为什么你经常无视这些征兆呢？清楚地了解是什么触发了压力反应，可以帮助你避免它们，或者在它们开始变得令人担忧之前应对它们。要主动出击，而不是被迫在以后做出反应。

（2）照顾好自己的身体。压力是一种生理反应，身体护理与情感和精神支持对于建立压力适应能力同样重要。合理饮食、喝水、需要的时候上厕所、保持良好的睡眠和休息，这些简单的事情可以帮助我们的身体更好地运作。毕竟，为了在最后期限完成工作而过度消耗精力，会对你的身体要求很高，所以你最好照顾好它。

（3）找到享受肾上腺素飙升的健康方式。对一些人来说，压力可以是一种动力。然而，与其把事情留到最后一分钟，不如早点完成工作，并在接近最后期限时改进它。

（4）练习感恩。即使是最自信的领导者，也会陷入"应该做什么"或"还能做什么"的想法中。感恩练习有助于你专注于此时此地。现在，想一想你感激的一件事，以及你感激的一个人。

（5）为你的生活添加"佐料"，让其有滋有味。每天设法参与一个领域，让你在以下类别中进行一些自我照顾：

- 精神（如冥想、深呼吸）；
- 身体（如做运动）；
- 智力（如学习一门课程或一项新技能）；
- 创造性（如练习一种自我表达的形式：写作、唱歌、跳舞、园艺）；

- 情感（如做水疗或按摩，或者反思一些你引以为豪的事情）；

- 社交（如与那些让你精力充沛的人一起做一些事情）。

试一试

每周至少找时间参与上述六项练习中的任何一项。

第 9 个月：在工作中进步

尽管去天堂般的小岛上生活是一件很美好的事，但我们大多数人都是长期扮演着自己的角色。这意味着，当你做出改变时，改变带来的结果并不一定会马上发生。

反思

想一想你最近遇到的问题或情况。请问问自己：去年你可能会告诉自己什么？你的思维方式发生变化了吗？

也许你还没有拯救世界，但你所处的某个领域正在改变他人

的生活。也许你还没有走到你想象中那么远，或者还没有获得某
个奖项，抑或是还没有掌握某项技能，但是你还有时间，你是那
种会去尝试的人。你可能感到满足了，但你的脑海里似乎有声音
在告诉你，你还有更多的事要做，你要变得更有能力。

　　不要根据结果来做判断。承认这样一个事实：你不仅可以尝
试，而且你有能力这样做。

试一试

记下你努力的次数。

第 10 个月：归属感

　　出现在社交媒体上的错失恐惧症（Fear Of Missing Out,
FOMO）是一种相对较新的心理现象，它真正被研究是在 1996
年。心理学家威廉·舒茨（William Schutz）表示，归属感是人
类的基本需求，就像食物和水对于人类的生存一样至关重要。

　　以流行电视节目《权力的游戏》（*Game of Thrones*）及一些
真人秀节目为例，共享领域（通过社交媒体变得更小）中的任何
东西都可以让我们谈论，特别是如果我们常见的人（如同事或朋

友）都在看这些节目，那么我们不看的话就会被排除在外，你会觉得自己像一个"社会弃儿"。

●●● **反思**

> 你在哪些方面害怕被孤立？你是否仅仅因为他人做了你不喜欢的事情而去做这件事？

> 为什么在这些领域的归属感如此重要？这满足了你的什么需要？

●●●

如果你希望加入一个朋友圈，与其给他们一个工作上的理由，不如请他们喝杯咖啡！

试一试

专注于你希望得到满足的需求，并找到一种适合你的方式来满足它们。

如果你想要获得他人的点赞，那么就和喜欢你的人在一起。

如果你想与你的朋友在现实生活中建立联系，那么就为你的朋友腾出时间。请记住，仅仅因为科技的发展使人们更容易看到他人在做什么，并不意味着人们真正建立了联系。点赞也不会像与你爱的人在一起那样令人满足。科技是一种工具，而不是一种生活方式，不管它给人的感觉如何。

试着真诚地生活，表达你的诚意。

第 11 个月：思考你希望别人怎么看你

就像你评判他人一样，他人也会评判你。行动者 – 观察者效应并没有给做评判的人（观察者）提供与行动者相同的视角。如果你想以某种方式被看待，那么就确保你能达到这个目的。

回到本章开始的文化偏好的概念，你说的话的意义才是关键。在某些文化中，如果说出真相能立即安抚人心（不一定是真实的），那么这是比冒着招致敌对风险更可取的选择。例如，航空公司会说"航班稍有延误"，而真相是"这次延误可能会持续 4 个小时"。我的一位客户也承认，在她的文化教养中，"是的"通常意味着"我们走着瞧"。如果你乐于应对你的话被视为不真诚所导致的后果，那么这些都无关紧要。

试一试

反思在信任他人的可靠性方面，你愿意接受什么，不愿意接受什么，然后努力使自己达到这些标准。被视为不可靠或不值得信任（无论有什么"好"的理由）会破坏你的其他积极品质。每个人都可以接受事情会出错，但当反复无常时，请问问自己，你真的希望他人这么看你吗？

第 12 个月：更多地做你自己

请思考下列两个问题。

> 你理想中的生活是什么样子的？
> 你在职业和个人发展方面获得了哪些成就？

你可能注意到，你已经做得很好了！

专注于做得更好，而不是好

通过承认并欣赏你做对的事情，你可能会意识到你已经在做自己打算做的事情了。与其选择一个梦想，不如调整它，或者寻找更多的元素，抑或是从"实现"的角度来进行改变。当你能看到你是这样时，你就更容易成长。

与其设定一个有限的目标，不如看看你在通往理想生活的道路上所处的位置，多做一些有助于实现目标的事情，并努力在那些对你有益的方面做得更好。

尝试这样的肯定：我很感激我所拥有的一切，我正在努力做得更好，我对自己所热爱的事物持更加开放的态度。

> 当你加入更多的真实性时，伪装的空间（或需要）就会减少。

工具包

现在就开启韧性模式

你的行动要点就是本章的内容！

通过忠于自己，你就会将专业与个人融为一体。通过这样做，你就会在你的回答中发现更多的选择。你可能会在你的专业行动中注入使你从事这项工作的激情，进而激励你的团队和你的客户。这样做你会感到更加踏实。

行动

如果感觉有什么不对劲，那么就把它记下来。你可能不会马上发现是什么在困扰你，因此把它记下来可以防止你为了记住它而堵塞你的大脑。但通过承认，你就有了开放的心态去寻找解释，并在以后找到解决方案。

应对

如果有人注意到了你的行为变化，那么你可以说你正在专注于发展领导力。这甚至可以激励其他人也这样做，尤其是当你取得成果时。

优化

在你的个人生活和职业生活两个领域充分发挥价值。我有一位客户，她通过为法律案件辩护的方式学会了如何处理棘手的学校问题。我还有一位客户，她把对工作的热情融入了对新客户的"标准营销"，从而提升了营销效果。

准备

要知道，真实性是指诚实。你可能不喜欢某些事物，甚至感到羞耻。告诉自己，虽然你不会为过去的行为感到骄傲，但你做出这些行为是有原因的。

蓬勃发展

无论你给自己讲了什么故事，这些故事可能都会妨碍你真正地、真实地、快乐地生活。请记住，它们只是你的故事，你是故事的叙述者。真实性的最大障碍之一是负罪感或无价值感。请记住，当涉及负罪感时，你不是唯一的当事人，其他人也必须为他们的选择负责；当涉及无价值感时，请问问自己：谁在做判断？

正如我在本章开头所说的，请允许你成为你自己。

笔记

我做了什么   日期

反思（日后）

我的想法现在发生了怎样的变化

第二篇

塑造富有
韧性的组织

THE LEADER'S GUIDE TO
RESILIENCE

第 7 章

奠定韧性的基础

第一篇的重点是如何在自我内部建立韧性，以及韧性如何在领导角色或团队中发挥作用。第二篇则着眼于将韧性拓展到你的整个组织，并拓展到你的组织所在的更加广泛的团体和网络，并让其有机会蓬勃发展。联合国经合组织于 2020 年提出的建设"有韧性的城市"的内容在这里起到了很好的提醒作用。

有韧性的城市

"有韧性的城市"是为抵御不可预测的环境挑战而规划的，其设计遵循以下城市规划原则：

- 吸引并留住勇敢的人或团队；
- 驾驭、驱动和激发社区内集体的激情；
- 培育一个能够应对变化的人际网络；

- 认真规划未来；
- 建立一种鼓励创造力和创新的文化；
- 通过赋能、建立体系，让每个人都能做出响应；
- 用好当地资源和人际网络；
- 提出诸如可持续发展的价值观。

这些都是我们在第一篇中探讨过的要素。你现在的任务是运用你学到的知识使你的组织更加强韧。

重建任何事物都会遇到障碍

请记住，你不是从零开始。一些习惯、行为、偏好和方法是固有的。即便是极小的改变，实施起来也不容易。在采取积极主动的行动时，你可能不会先认识到其好处。

请记住，在重建任何事物时，上述原则都可以应用于个人、团队和组织，在继续阅读本书时，你可能会面临这些问题。

- 通常保全面子很重要。这意味着，当人们面对一项不确定的挑战（即使是练习中的挑战）时，或者一项让他们感觉暴露无遗的挑战时，他们可能会选择以一种自我保护的方式做出回应，而不愿表现出脆弱的一面。请记住，建立韧性的一部分是容忍痛苦，只有承认弱点，韧性才能得到加强。

- 有一些内部体系是值得保留的，改变并不意味着无视你之前所做的一切，你可以保留有效的部分。随着个人或组织的成长，成为"新的你"或使用"新的方式"可能会导致一种抛弃旧事物的欲望。虽然在过去行之有效的行为策略现在已经不再有效，但是可以把它们保留在你的档案中，而不是删除它们，因为如果将来情况发生变化，它们可能会对你有所帮助。

- 当你开始工作时，你可能会遇到隐藏的惊喜、阻力或需要适应的地方。无论你对目前的工作反应如何，你都要进行反思。当你问自己"我为什么要这么做"时，你会对自己的生活方式有更好的理解——这对其他人来说也是如此。仅此一点，就可以帮助你避免无益的习惯，或者重复有效措施。

- 注意变化对周围环境中的人的影响。那些在更大圈子内的人可能会注意到正在发生的变化，有时他们甚至会拒绝你认为是积极的事物。你唯一能控制的人是你自己，因此你要在你的人际网络中进行协商和沟通，但是你只能调整自己的行为，而不是他们的行为。这也是他们需要学习的。

- 在变革发生时使用的支持系统（专业人士、导师等）必须是合适的和有效的。与支持你成长的人在一起，不管因为他们让你感到舒适，还是因为他们能培养你、帮助你或支持你。永远不要将忠诚或义务与有效性混为一谈。

- 重新发展是一个持续的过程，有时事情会发生变化。在这些时候，积累积极的肯定、想法或行动是很有帮助的，这些都很容易实现，不需要太多的实施计划。例如，虽然做一天水疗可以让你放松，但它需要计划。如果 3 分钟的引导式或自然冥想对你有帮助，并且可以随时随地进行，那么这就是一种快速而简单的放松方式。

- 尊重旧事物。新常态往往是通过尊重旧事物得到最好发展的，而不是简单地摧毁旧常态并试图忘记它。你所经历的一切都表明你已经活了下来。

理解变革的过程可以帮助你驾驭它

变革模型有很多种，但普罗查斯卡（**Prochaska**）构建的模型是我的首选（见图 7-1），因为它在方法上足够全面和灵活。在描述每个阶段可能出现的行为类型时，它为预测或应对团队行为确定了一个很好的起点。我建议你把思考阶段看作积极主动的，而不是积极响应的——你可以在问题还未显现的时候做出改变，但要为可预见的事情做好准备。

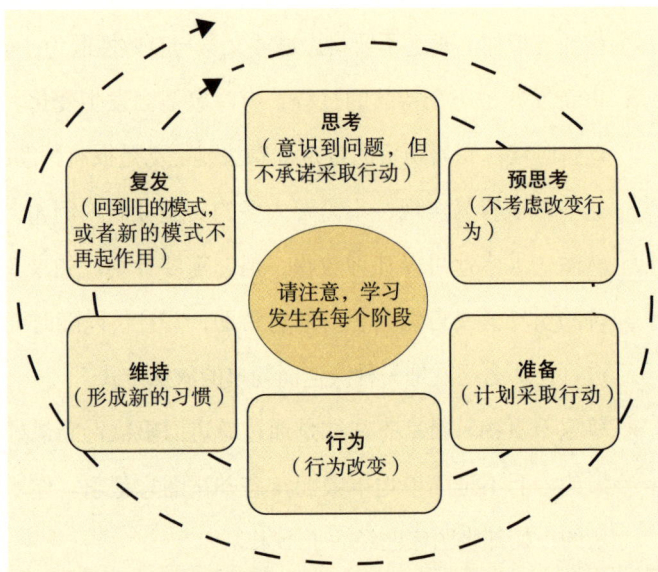

图 7-1　普罗查斯卡的变革模型

在实践中，你可以这样考虑这个模型，将自己当前的状态看作预思考。假设你已经确定了一些你希望拓展的领域（你可以回头看看第 2 章中的 SWOT 分析）。然后，你将处于思考阶段——意识到你可能想在某个时候做一些事情。在本章结束时，我希望你已经进入了准备阶段——计划采取行动。下面的活动将直接帮助你做到这一点。一旦你开始采取行动，只要坚持不懈，你很快就会进入维持阶段，增加或完善新的行为。在这一过程中可能会出现一些问题（如复发），但很快新的方式就会成为标准操作。

所以，为什么不开始呢？

1. 考虑下一步行动

在将模型付诸实践时，让我们假设你的问题领域已经在第 2 章中通过 SWOT 分析被定义为一个潜在的弱点领域、威胁领域，或者你试图达成的目标。现在，你可能希望花点时间思考一下。

● ● ● **反思**

牢记变革的目标。

　› 为了实现这一变革，你需要哪些资源？

　› 你在获得这些资源方面有哪些选择？

　› 现在，你在做上述工作时处于什么位置？

● ● ● ●

不要把自己局限在习惯性的方法上。即使招聘人才来填补空缺是比较常见的做法，也要考虑提高员工技能、加强部门间合作、与更广泛的网络合作或签订合同等选项。头脑风暴的关键是在探索你的选项时牢记心中的目标。

2. 一旦有了选择，就要做好行动的准备

● ● ● **反思**

回想一下第 3 章中的练习，你觉得自己是急于求成的人，还是

愿意花时间去做规划的人?

● ● ●

根据不同的情况,这两种方法都可以奏效,而且有时这两种方法都能为你带来好处。

你要花时间去做规划,因为一种经过深思熟虑的方法会带来最大的回报。不幸的是,由于你习惯以快节奏的方式生活,当计划的机会出现时,你可能无法意识到它是什么。

> 当你有时间时就优化它,时间是一份珍贵的礼物。

试一试

行动规划

现在就采取行动,当没有出现紧急情况时,你可以清楚地说明你的目标(见表 7-1)。

表 7-1　采取行动

确定你需要采取的步骤	确定谁可以提供帮助	反思与笔记

3. 回顾变化的过程

表 7-1 中留有必要的注释空间，因为你必须持续了解出现的任何问题。

需要记住的是，虽然接受失败并让它过去是人们对失败的一种习惯性反应，但有时额外的反思是有帮助的。原因可以归结为一种掌控感。当问题出现时，如果你对它视而不见，那么当问题再次发生时，你可能会措手不及。如果你注意到了问题，并在之后及时进行反思，那么你就有机会做出更好的选择，进而在很大程度上控制局面。

此外，不仅要考虑实际结果和问题，还要考虑个人的结果和问题——如果你的团体成员遇到了麻烦，那么反思他们的反应对维持你们的关系很重要，并可能为新的解决方案提供深入的见解。

4. 反思的重要性

关于如何进行反思，科尔布（Kolb）的单循环模型（见图 7-2），以及阿吉里斯（Argyris）和肖恩（Schon）的双循环模型（见图 7-3）可以对你有所启发。

如图 7-2 所示，科尔布的方法很简单（单循环）。

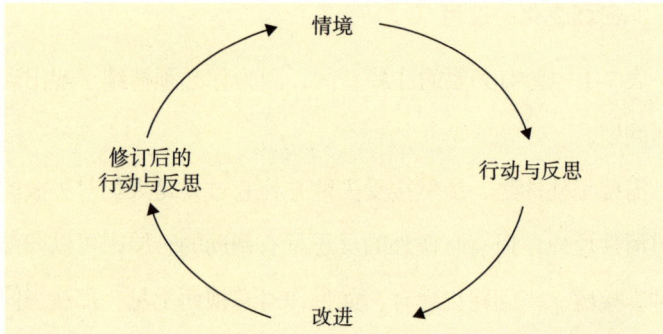

图 7-2   单循环模型

如图 7-3 所示，对阿吉里斯和肖恩的双循环模型来说，重要的是不仅要反思行动，还要挑战最初的假设，进而修正行动。

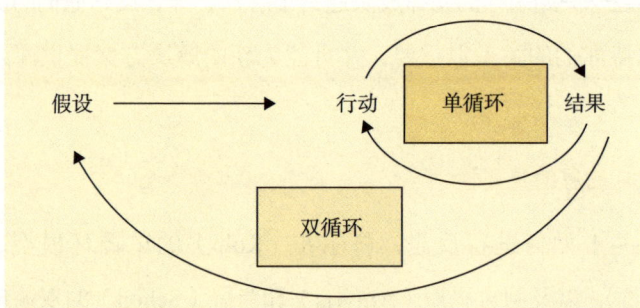

图 7-3   双循环模型

例如，你希望开拓一个新的市场。

- 在这个新市场中，你注意到有来自利基公司（Niche）的竞争，而你没有专业知识，对直接参与竞争没有信心。

- 你咨询了你的团队成员，他们表示没有时间掌握利基公司所具备的技能，并对此不以为然，你决定雇用两名新员工来承担利基项目的工作。

- 经过反思，你发现目前团队成员的工作积极性有所下降。

在使用单循环模型进行反思时，你可能会简单地倾向于停止招聘并改变提高团队成员技能的方法，但通过探索最初的假设（回到咨询阶段而不是行动阶段），你可能会发现，团队成员感觉工作超负荷，如果招聘一名员工来帮助他们完成任务，那么他们会从中受益。

即使在咨询的过程中，人们也可能没有完全形成自己的想法。在压力下思考，你的第一个答案可能不是最准确的。只有当他们有了一点时间（有时是在最初的解决方案实施后），他们才会消除顾虑。

使用双循环模型并反思最初的假设，有可能使你在第一个咨询阶段找到更好的解决方案。

5. 坚持新方法（要庆祝取得的成果）

改变是困难的，不断超越自己是一种有效的激励形式。历史上最成功、最常见的行为改变方式之一是斯金纳（Skinner）的操作性学习理论中的正强化，即让新的行为不断得到奖励。这一过程不仅有助于新方法的建立，而且当你的团队成员认识到他们的努力已经被关注时，它很可能成为一个激励因素。

例如，将"我们提出的要求，你做到了"换成"你提出的要求，我们做到了"。把重点放在"你提出的""我们做到了"，以及你对团队成员的感激和赞赏上。这也给你带来了一些动力，让你反思这句话对你来说可能意味着什么。

想一想，当你在锻炼后看到肌肉线条时，你会有多大的动力。当你能看到结果，或者有人提醒你"这很有效"时，保持一种新的习惯就会容易得多。

然而，不幸的是，我所培训的团队成员普遍抱怨说："我们非常努力地实施变革，但从来没有人告诉我们变革的进展如何。"

或许你可以花点时间反思一下过去的变化，看看你是否清楚地认识到这些变化给你的团队带来的积极结果。

试一试

在你的公司实施变革的时候，将表 7-2 作为你了解公司运作方式的一部分。

如果你不确定是否传达了以前的成功经验，那就将其留空。如果你确信成功经验被传达了，那就反思一下你选择的沟通方式是否有效——不是每个人都会阅读电子邮件，也不是每个人都会参加年度总结会。

表 7-2 清单

改革的原因， 如储蓄或盈利	成功的衡量标准， 如利润	这一成功是如何及何时 传达给团队成员的

如果你确信你的团队成员知道他们的反应和行动是成功的关键，那么你可以随时将其作为实施未来创新的清单。

6. 重组

当出现问题时，你会怎么做？这种如同膝跳反射的下意识反应是很常见的，即做出纠正性改变，不再使用以前的方法，解决失误、确定新方向，以及为实现目标清除故障。

关于这一点，值得注意的是，可能有一些内部体系是值得保留的，即使出了问题，也不是所有的部分都需要被摒弃，而应该保留有效的部分。你可能会注意到，虽然有些东西在特定的环境中不起作用，但这并不意味着它在另一个环境中也不会起作用。

同样的建议既适用于实施变革的领导者，也适用于作家。即

使你现在不想再使用它，也要考虑保留它，因为它可能正是你在
其他情况下所需要的。

7. 应对干扰

随着你的组织不断发展，社会和环境也会发生较大的变化，
这些都是你意想不到的。即使是最有韧性的人，也不可能为可能
发生的每种情况做好准备，但值得注意的是，组织存在于两个不
断变化的关键循环中（见图 7-4）。

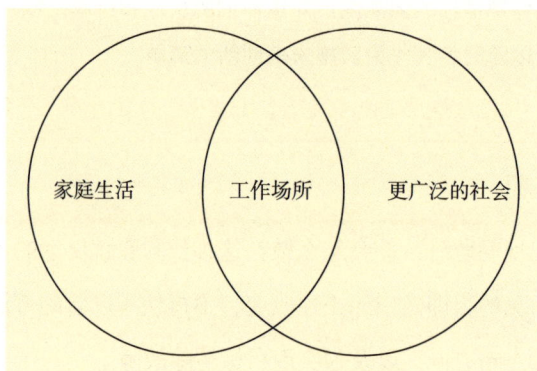

图 7-4　两个关键循环

虽然每个时间线同时运行，但需求不同。例如，当你考虑
家庭生活时，你的团队成员可能正处于他们职业生涯中的晋升阶
段，他们承担着来自家庭生活的压力。一个组织需要有灵活性和
适应性，并在需要时能够快速制订应急计划。为了做到这一点，

你需要了解集合中的每个元素，同时保持沟通顺畅。

● ● ● **反思**

> 你的团队成员能否在他们的生活受到干扰时提前向你寻求帮助？
> 你是否了解社会大环境正在发生什么变化？
> 你为突发事件做了哪些准备？

你应当进一步考虑有哪些方面还需要加强（见第 2 章，了解应对此问题的方法）。

● ● ●

8. 以新的方式生活

一旦做出改变，你就会生活在新常态中，承认这一点虽然很艰难，但它还是发生了。

我知道这是我第二次提醒你要以采取有效行动为荣——这是建立韧性的关键部分。当使用辩证行为疗法时，有三种关键方法可以鼓励客户为自己人生中的"过山车"做好准备。

- 积累积极的经验（认识到那些积极的时刻——经常性的感恩练习会对此有所帮助）。
- 提升掌控能力（参与你能做的事情，当你实现了你必须努力实现的目标时，要意识到这一点）。

- 提前应对（预先制订应急计划）。

提升掌控能力的理由是，它能让你在思想上或身体上记下什么是有效的。这可能会影响整个过程，但会提前警告你哪些方面可能会出问题，以便你更好地应对这类情况。

9. 优化你正在做的事情

一旦你进入新常态的日常工作，考虑一下你如何优化它。

●●● **反思**

> 是否有更多的机会让团队成员参与进来，从而使企业受益？
> 在组织之外，你还做了哪些贡献，你是如何让人们知道这一点的？

常见的抱怨是组织内部缺乏沟通，但当涉及成长时，你在外部的言论同样重要。

●●● **反思**

请问问自己以下问题。

> 企业的网站是否传达了组织使命及组织信仰？
> 你是否在媒体平台上宣传了你正在做的事情？这不仅意味着你的项目和成就，而且还意味着你要考虑改进你的工作

方式，提升你的工作水平，展现良好的团队福利、创新精神和团队激情。成绩可能会吸引客户，工作实践会带来并留住有价值的团队成员。

> 你是否了解近期的、潜在的新客户或团队成员使用的媒体平台？另外，对媒体平台进行优化很重要，只要投入精力就能获得回报。考虑一下你希望吸引谁。

> 你的输出是否与你在公司内部的工作行为一致？请记住，践行你的价值观很重要。

●　●　●

这里贯穿始终的是：谨言慎行！

> 而我，因为贫穷，只有梦想。
>
> 我已经把我的梦想铺在你的脚下。
>
> 谨言慎行，因为你踩在了我的梦想上。
>
> ——威廉·巴特勒·耶茨（William Butler Yeats），
>
> 爱尔兰诗人

这首诗只是为了提醒大家，为什么改变是困难的——即使是为了更好的改变。

无论好的还是坏的，地点、人甚至程序都有记忆。在一个人的经历中，这些记忆往往是非常重要的。因此，变化有时不仅是简单的改变，它有时可以代表一个人身份的巨大转变。虽然变

化是为了更好地发展，但这并不是说人们可以不尊重或无视过去
发生的事情。即使是更具挑战性的过去，也包含了学习和成长的
机会。

我曾经采访过约翰·高德温（John Goldwyn），他是 WATG
伦敦公司的高级副总裁，他对我说："对建筑师和总规划师来说，
采取整体设计方案始终是至关重要的。我们的目的不是破坏，而
是尊重传统，保留这片土地上的故事，同时为更多的人奠定繁荣
的基础。"

> 在现有的基础上发展——它有记忆、价值和力量，它
> 使你走到了今天。

建立韧性并不是新鲜事，它是纪念和恢复有效的东西，并为
新的增长创造空间。

工具包

现在就开启韧性模式

行动

　　找出被视为挑战的那些问题。

实践

是否存在人们没有看到结果的变革、倡议或重组？找出结果！即使你发现有些改变没有奏效，至少你可以从中汲取教训。

应对

确保在学习历史的前提下理解变化，而不是破坏历史。

实践

有意识地认可你的组织内部的工作（和员工）。不要只关注成就，也要看到努力，看看给团队带来成功的个人承诺。

优化

尽管过去有问题，但要确保通过标准的沟通方式达到一致的价值观，无论组织规模有多大，每个人都必须了解组织当前的价值观和目标。把它看作一个机会，提醒人们"你说的，我们做到了"并感谢他们！

实践

如果你还没有强调最近实施的一项变革，那么就告诉你的团队成员他们努力的成果。

准备

　　做好准备——让你和你的组织根据需要迅速做出反应，并抓住可能出现的机会。认识到哪些趋势、方向或可能的机会适合你的组织和环境，安排时间与你的上级领导讨论潜在的方向。即使你没有立即实施任何行动，这种意识也意味着你已经准备好采取行动了。

实　践

　　研究你所在领域的趋势，并考虑如果你选择进一步探索，那么你的组织可以从哪些趋势中受益。

蓬勃发展

　　寻找机会，在更广泛的团体内部宣传和庆祝你正在做的事情。

实　践

　　如果你还没有一个活跃的社交媒体平台，那么就创建一个吧！找出可以帮助你进行宣传的网络，如报纸或行业杂志。请记住，最吸引人的故事往往不是关于结果的，而是为实现这些结果而付出的努力。为你的团队成员和他们的成果感到骄傲吧！

笔记

我做了什么　　　　　　　　　　　日期

反思（日后）

我的想法现在发生了怎样的变化

第 8 章

可持续发展

虽然有些危机可能会让我们措手不及，但我们知道气候变化已经有一段时间了，对此，你做了什么？为什么要在乎这一问题呢？

> 世界正在觉醒，无论你喜欢与否，变革正在到来。
>
> ——格蕾塔·桑伯格（Greta Thunberg）

●●● **反思**

> 如果你知道危机将会发生，你会怎么做？
> 不可持续的发展，你负担得起吗？

●●●

如果你想尝试做些什么，那么现在是时候加强企业的社会责任感了。毕竟，如果一家企业没有积极向好的环境，那么掌控一家蓬勃发展的企业就毫无意义。

● ● ● **反思**

> 每年你会产生多少不必要的垃圾？
> 如果你能更多地考虑到打印什么、丢弃什么、保留什么、替换或修复什么，那么你能节省多少钱？

● ● ● ●

可持续性和韧性

可持续性意味着打理组织的资源，减少浪费和提高效率。它既适用于微观（企业）环境和宏观（社会）环境的具体实践，同时对于组织的大环境及其内部环境的健康也是至关重要的。此外，可持续发展是一个吸引团体、国家，乃至全世界关注的领域，将其纳入发展议程的组织会受到赞赏。要做到有韧性，就要考虑如何在组织和它所处的团体内维持、补充有助于长期生存的资源。

韧性意味着超越现在，关注未来。如果没有团体的参与，企业的存在就没有意义。因此，在这本关于韧性的书中，必须考虑可持续发展，它在更大的范围内影响着组织。它还提供了另一个潜在的框架，通过这个框架，领导者可以有意识地促进韧性行为。实现可持续发展是为了维持组织所处的宏观环境。如果这种环境消失了，那么企业也会消失。这不再是他人的责任，我们都要尽自己的一份力。如果我们都为保护我们想要的繁荣目标而努力，那么我们的效率会提高多少？

● ● ● **反思**

可持续发展对你来说意味着什么？

> 不浪费；
> 谨慎对待资源；
> 能够长期生存；
> 效率。

在微观和宏观层面上的可持续发展实践都是提升企业生存能力的主要因素，而且实施起来非常简单。做到这两点，企业对团队、客户和顾客将很有吸引力。

《你很重要》（*You Matter*）一书概述了可持续发展的三大支柱：

- 经济；
- 社会；
- 环境。

还有一种说法是：利润、人和地球。一家有韧性的企业需要创造利润，并需要人来创造成就，而且人们对环境的认识也是至关重要的，因为无论一家企业多么健康，它只能在其所处的环境中持续生存和发展。

单凭这一点就足以让我们重视环保了，而环保的前景本身也吸引了"人"和"利润"。正如格蕾塔·桑伯格在 2019 年联合国气候行动峰会上所言："……年轻人开始明白了，未来几代人的眼睛都在看着他们。"

73% 的"千禧一代"将为环保产品支付更多费用，这表明了他们对可持续发展的承诺。

英国女性指导协会（Girlguiding UK）在 2019 年推出了包括升级换代、STEM 教育和政治在内的一些新项目，以反映 21 世纪女性现代生活的多样性。研究表明，可持续发展还可以产生巨大的经济优势。那些展现出环境可持续行为的企业，如减少垃圾排放、拥有洁净的生活环境，在招聘和留住人才方面具有更多的优势。

当前的社会趋势表明，环保组织吸引了越来越多的生态友好型劳动力，同时也增加了客户支出。2015 年，尼尔森公司（Nielsen）对 60 个国家的 30 000 名消费者的调查显示，66% 的消费者愿意为有助于环境可持续发展的产品支付更高的价格。

环保不仅仅是为了个人利益。当涉及韧性时，可持续发展符合每个人的利益，因为它最终会促进物种的生存。不过，正如许多符合公众利益的事情一样，公众并不总是感兴趣。

最近一篇关于全球健康研究的论文认为，共享或可公开访问的出版物建立了全球研究能力，而限制公众访问可能会对健康政策的实施和结果产生负面影响。在医疗危机中，共享研究数据可以为快速确定治疗方案提供机会。然而，治疗癌症或糖尿病的药物仍以巨大的利润出售，而大多数患者得到的却是二流的治疗。

自私会妨碍社会利益。日内瓦大学的一项研究发现，大脑图谱中那些更多以自我为中心的、更自我的人，不太关心未来的后果，因为这些后果不一定会影响他们；他们更关心短期的结果，相比之下，显示出更多利他主义大脑活动的人既关心短期结果，也关心长期结果。该研究发现，人类当前面临的许多问题的解决方案都需要克服自私，因此研究者建议心理学家和其他专业人士一起寻求改善社会关注的方法。

自私自利的行为正在被叫停："漂绿"的概念

"漂绿"（greenwashing）一词最早出现在 20 世纪 80 年代中期，被用来表现企业的"环保"行为，即用可持续发展的幌子掩盖有问题的环境记录。一些品牌并没有做出真诚的努力，仅仅是利用了表面上的"环境友好"的力量。"漂绿"的定义也延伸到了企业内部，这些企业会花更多的钱让自己看起来更环保，而不是真正将资源投入环保的实际行动中。

随着公众对有目的的组织越来越感兴趣，公众的觉悟也在不断提高。许多公司因为做出虚假或夸大的环保声明而受到审查，包括雀巢、恰敏（一个卫生纸品牌）及梅赛德斯 – 奔驰等公司。很多企业因此引发了公关危机，例如，2010 年英国石油公司墨西哥湾漏油事件和大众汽车的"柴油骗局"，让这两家企业付出了更多的努力来恢复声誉。

人们越来越懂得转移注意力的策略，但世界各地的监管机构在调查中也变得越来越精明；如果被发现，欺骗性的标签和广告可能会导致高额罚款。

你不能期望彻底改变一切，但你可以做一些小的改变，或者通过提供资源来抵消你消耗的自然资源。

开展环保行动很容易，那么为什么不真诚地去努力呢？

● ● ● **反思**

❯ 你的组织目前在促进可持续发展方面做了什么？

- 鼓励"把汽车留在家里"；
- 设置循环利用设施或提供可重复使用的水壶和杯子；
- 与合乎道德的供应商合作；
- 适当地关闭电灯、电子设备、暖气；

- 推出可持续使用的产品；
- 无纸化办公；
- 把温度调低（带一条毛毯）；
- 养护办公桌上的植物；
- 回收电子产品；
- 举行线上会议。

❯ 你的团队是否了解这些做法？如果不了解，你能提供培训吗？

● ● ●

● ● ● **反思**

想一想你每天在企业中使用的资源。你可以通过哪些简单的做法来为环保做出微小的、简单的、积极的贡献呢？例如，循环利用资源及无纸化办公。

● ● ●

试一试

向你的团队成员提出同样的问题，并鼓励他们分享，甚至你可以鼓励组织举办只使用可回收材料的培训活动。

● ● ● **反思**

〉 你可以在日常生活中做出哪些小的改变？例如，上班时带
水壶，而不是使用一次性纸杯。

〉 哪些想法是你可以在团队中轻松实施的？

● ● ●

你不需要成为环保方面的全球领导者，或者去创造一场环保
革命，但是你可以尽己所能去实践。

此外，当涉及可持续性时，请记住，环境资源并不是唯一需
要保护的资源。

关注人力资源

尽好你的本分有赖于激励团队成员。因此，做好"人"的工
作同样重要，如果忽视了这一点，人力资源就会像环境一样容易
受到侵蚀。

在最近一次关于预算管理的培训中，我要求团队在三个点位
节省资金。以下内容是一个节选版本。

试一试

你是企业战略小组的成员，该小组正在规划企业三个点位的发

展。它们分别位于和北安普顿市（Northampton）差不多大的一个城镇（人口约 25 万，面积约 80.77 平方千米，拥有良好的公交系统）的北部、南部和东部，它们各自为当地社区服务。其中两处（南部和东部）是租来的，即将续租。

北部的那家在大学附近，发展得很不错；南部的那家勉强维持；东部的那家正在亏损。

北部的那家正在迅速发展成旗舰店；东部的那家则需要花更多的时间来处理服务不佳的投诉。

此刻你想节约成本，以便在北部地区参与一个新的竞标项目。你会怎么做？

这是一个非常简化的案例，但需要注意的是思考的过程，以及随后的行为。

这是一次特殊的培训，上午的课程重点强调领导力的重要性。上午培训结束后，学员们一致认为要关注角色背后的人的重要性。

在下午的活动中，学员们提出了许多鼓舞人心的想法，以促进北部地区的发展，如壮大旗舰产品，成为市场领导者并在该领域产生更大的影响力。但我也注意到了以下几句话。

- "好吧，那就关闭东部站点。"
- "我们可以把所有人都转移到北部或南部。"

同样是这些学员，他们也曾抱怨一些领导者对他们的担忧视而不见，他们经历了五年内的三次重组，因为搬迁而面临通勤问题。

你对人力资源的承诺必须是持续的、积极的和真诚的。就像"漂绿"一样，如果好员工发现企业不符合他们的价值观，他们就会"用脚投票"。文化有三个要素：行为、系统和实践，所有这些要素都由一套包罗万象的价值观指导。优秀的文化产生于当这三个要素都与企业所信奉的价值观保持一致时。当差距开始出现时，优秀的员工就会离开。

当你为实现目标而感到兴奋时，你很容易忽视那些帮助你实现目标的因素。

尽管人们会追求忠诚或表现出顺从，但如果他们看不到自己的劳动成果，他们就会离开。

一个人很容易被其追逐的目标所蒙蔽，请记住，帮助你实现变革的是人，所以你要确保自己在支持他们!

可持续发展的实践对人类情感韧性来说是双赢

如果你能维持下去，那么你就能生存；如果你活下来了，那么你就能东山再起；如果你能恢复活力，那么你就能蓬勃发展。

可持续发展，无论通过保护人力资源还是环境资源（最好是两者都有），都有助于企业站稳脚跟。

值得庆幸的是，一些有益于环境可持续发展的做法对企业的人力资源也有巨大的、积极的影响力。

2018 年，新加坡推出了"更健康的工作场所的标志"，概述了可持续工作场所的五个方面：

（1）可持续设计和管理（基本建筑设计）；

（2）能源和响应管理（如水、电、供暖、空调）；

（3）办公环境（如照明、整体舒适度）；

（4）工作场所的健康和福利（如食品选择、健身计划、戒烟计划、亲自然特性）；

（5）高级功能（如能源监测、能源披露、工作场所健康促进）。

●●● 反思

〉你的组织是否在上述五个领域中的任何一个领域做出了改进？

〉你的团队成员是否知道这一点？如果不知道，你如何与他们进行沟通？

〉你还能做什么？考虑在你的下一次团队会议上提出这个问题。

　　环境心理学家认为，行为可以由环境塑造。营造能产生幸福感的环境能为组织注入活力，例如，松树或常青树的气味，以及流水的声音都能让人心情舒畅。相反，某些环境会助长犯罪行为的发生，如破窗效应，以及由于人口密度高而导致的攻击现象。由此可见，创造一个积极的环境就有可能为组织创造利润。

关注心理健康

　　就像"你可以赚钱，也可以省钱"的想法一样，人的精力也是如此。除了做出可能有助于改善团队心理和情感健康的小改变之外，你还要考虑如何在不断变化的环境中让他们免于筋疲力尽。以下三种方式可以帮助你实现这一目标。

　　（1）确保你的期望与团队成员的期望一致。根据 2019 年的盖洛普民意调查，在被问及的美国团队中，只有 60% 的人知道领导在工作中对他们的期望是什么。模棱两可和不确定性会导致压力。你需要反思一下，与你意识到可能会产生什么结果时的感受相比，你在不知道发生了什么时的感觉如何。

- 你知道你的组织的目标是什么吗？
- 你能确保将目标传达给你的团队成员吗？
- 组织中的人知道组织对他们的期望是什么吗？

（2）鼓励团队成员在工作时间之外"关机"。由于通信的发展，在个人时间处理工作问题已经很常见了。但你应当鼓励团队成员在工作时间之外"关机"，并尝试让自己也这么做。要意识到有些团队成员可能会以工作为借口逃避个人困难。在这种情况下，你会提供哪些支持？

（3）在团队培训计划中增加幸福工作坊。与其培养团队成员的软技能，不如考虑为其提供心理培训，提醒团队成员要照顾好自己。例如，与支持个人成长和自我发展的专业人士合作；或者为你的团队成员提供个人指导。

所有形式的能量都是宝贵且有限的资源

你不可能做所有事情，但你可以做一些事情。

当你正在努力做出改变，实施鼓舞人心的想法，或者为你的团队增加福利时，也许就提高了生产力。请记住，能量（动物、矿物或植物）是一种有限的资源，它需要在消耗殆尽之前进行补充。

● ● ● **反思**

> 你应当怎样做才能充满活力（例如，和你爱的人在一起、从事一项喜欢的运动）？
> 应当多长时间这样做一次？
> 怎样才能为这些活动腾出更多的时间？

在此，简单说一下外向和内向的问题。它们被通俗地理解为"外向的人是健谈的，内向的人是安静的"。根据卡尔·荣格（Carl Jung）的观点，这两个概念其实是态度的反应——每个人都有可能更多地被外部世界（外向）或内部世界（内向）所激发。同时，它们也是偏好，即外向的人可以在一个安静的环境中表现得很好，而内向的人反之亦然，但这些人在与他们的偏好相关的环境中最能激发出活力。

领导工作会耗尽你的能量储备，而一名有成就的领导者，无论偏好如何，都能在各种环境中表现出色。如果你意识到你何时及与谁在一起时最能激发活力，那么在这种情况下花更多的时间就有可能在你最需要的时候给你带来动力。

人力资源和自然资源一样，都是需要维护的重要资源。

● ● ● **反思**

〉 和谁在一起，或者在做什么的时候，你感觉没面子？如果可以的话，尽量避免或减少接触上述人和事。

● ● ● ●

意识到破坏可持续性的行为

如果不加控制，你的工作就会在以下方面受到影响。

（1）社会趋势。切记不要让利益驱动破坏了诚意，如"漂绿"。消费者和客户的行为会发生变化，虽然这些变化可能会产生很大的影响，但你要努力了解全部情况。例如，对乳糜泻患者和那些食物不耐受的人来说，无麸质食品是最好的选择，但它们不一定是一种趋势，因此创建纯无麸质餐厅可能并不是一种明智的投资行为。在行动之前，要意识到你在做什么、为什么这么做及这么做的结果。

（2）法律和法规：确保你的所有实践和沟通都符合法律规范，不要成为下一个假新闻故事的主角。

归根结底，世界是一个共享的空间，有时候，以互惠为目标进行合作，比为了争夺稀缺资源而竞争，会产生更好的长期结果。

柯克兰（Kirkland）认为，即使是最自私的人，也需要做三件事来解决那些社会问题：

- 意识；
- 责任；
- 行动。

换句话说：

- 意识到你在某种程度上是问题的一部分；

- 知道有什么办法可以解决这个问题；
- 所采取的办法要易于实施，或者至少不会损害采取行动者的感知舒适度。

然后，遵循"鼓励更好的行为"这一原则：知道你是问题原因的一部分，知道解决问题（尤其是小问题）是可能的，知道你的解决方案是容易执行且对你无害的。

● ● ● **反思**

> 到目前为止，通过本书，你已经意识到，韧性是关于生存的。
> 你已经学到了很多方法来提升你在这个充满挑战的世界里的生存能力。
> 它们都很容易实施。

可持续的实践是你提升自身韧性的一种简单而重要的贡献。

● ● ●

你会使自己及队友受益，同时也使整个环境受益。

工具包

现在就开启韧性模式

行动

意识到你的人力资源有多努力，并帮助他们保存或补充能量。

实 践

询问你的团队成员，什么样的激励才能使他们保持精力充沛，并考虑如何将其纳入你的日常工作中。如果你的团队里有很多内向的人，而他们又在开放式的办公室里工作，你应当考虑一下是否可以改变房间的布局，或者给他们提供一个"安静的区域"。对外向的人来说，你可以为他们提供一个更热闹的公共休息区。当人们拥有自己的空间时，他们也会蓬勃发展。

应对

你要意识到环境对健康的影响，要保证你提供的空间有利于提高生产力。

实 践

观察你的工作环境，你是否可以做出一些改变，将环境和社会（人）的可持续性结合起来。例如，制定一项减少浪费的政策；如果可能的话，鼓励人们在工作区域养绿色植物，或者在团建活动中为当地社区做贡献。

优化

在保持真诚的同时，通过社交媒体或行业杂志分享你正在积极推行的工作。

实践

别放过任何宣传机会，包括在社交媒体上创建一个标签。

准备

确保你已经为全球范围内的可持续发展做好了准备。

实践

熟悉可能影响你业务的可持续发展政策和法规。

蓬勃发展

让你的团队认识到协作和可持续发展的好处。与其把它当作"我们都必须做"的事情，不如将其视为对自己的健康和生活方式有利的事情。

实践

认识到可持续发展能给你带来的好处。例如，当你跑步时，你是否很喜欢呼吸新鲜空气？同时考虑你的孩子将如何受益。另外，如果可以步行上班就不要开汽车，看看你的健康状况是否有所改善？

笔记

我做了什么   日期

反思（日后）

我的想法现在发生了怎样的变化

第 **9** 章

实践中的韧性

试一试

有一个 15 升的水壶，里面装了 11 升水；还有一个 9 升的空水壶。你有 5 分钟时间解决难题 1，你在解决难题 1 时可以尝试三种做法。

❯ 你可以清空水壶。

❯ 你可以将水壶装满。

❯ 你可以把一个水壶里的水倒进另一个水壶里，直至一个容器装满或空了。

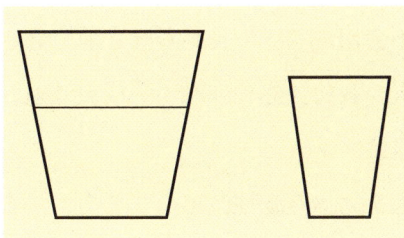

难题 1：怎样精确测量出 7 升水？

5 分钟后，直接进入下一题，无论你是否解决了难题 1。前提和规则与上述相同。有一个 15 升的水壶，里面装了 11 升水；还有一个 9 升的空水壶。

难题 2：怎样精确测量出 2 升水？

难题 3：怎样精确测量出 5 升水？

难题 4：怎样精确测量出 14 升水？

你们当中的数学家，或者那些曾经遇到过这个难题的人都会知道，难题 1 是不可能完成的，但是接下来的 3 个难题是可以解决的。如果你尝试过难题 1，但没有成功，那么你可能不会再尝试难题 2。

比顿（Beaton）在为《福布斯》（*Forbes*）杂志撰写的一篇文章中，列出了失败滋生失败的例子——一项任务失败可能会让你受到错误的阻碍，而不是激励你从中汲取教训；如果你被告知自己失败了，那么你的下一项任务可能会受到负面影响。

因此，本章的重点是践行组织价值观，这将帮助你重新振作起来，这样就不会出现"在你受到考验之前，你永远不知道自己的力量"的情况。我将让你和你的团队成员知道，即使最坏的情况发生，你们也会活下来。

如果你每天都为培养韧性做出一些努力，那么当你需要重建韧性时，它就会变得很自然。

> 建立韧性的最佳时机是在危机发生之前。

●　●　●　**反思**

回想一下第 8 章，然后思考以下问题。

> ❭ 如果你是那个被抓到"漂绿"的组织，怎么办？
> ❭ 如果你不得不面对内部丑闻，怎么办？
> ❭ 如果你必须从头开始重建自己呢？

●　●　●

韧性就是知道自己会没事的

●　●　●　**反思**

当事情变得棘手时，你会对自己说什么？

通常情况下，这些反应与原始的生存本能"战斗""逃跑""僵住"相似。

> ❭ 那些战士们可能会撸起袖子大干一场。
> ❭ 那些逃跑的人可能会躲藏起来。
> ❭ 那些僵住的人可能会选择等待时机，直至形势变得更加明朗。

应对挑战没有最终的正确或错误的方法，通常上述方法的组合才是最成功的。

●　●　●

那些提出解决方案的人（如果情况不取决于时间）最好保持低调，或者在采取行动之前等待，因为随着时间的推移，人们的反应可能会更加敏锐和有分寸；那些躲藏起来或等待的人将在某个时候采取行动。

本章将提供五种简单的做法来培养组织的韧性，以便你知道如果出了问题，你怎么做才能没事。

（1）在团队中建立信任。

（2）拥有并实践你的故事。

（3）对错误做出回应。

（4）保持灵活性（改变方向的能力）。

（5）与你的团队互动。

在团队中建立信任

组织韧性指数

BSI 集团在 2017 年制定了一套审核机制，确定了组织需要重点关注的四个关键领域，它们分别是：

（1）领导力：包括高级团队的预见性及其建立高质量财务、资源和声誉风险管理的工作能力；

（2）人员：员工对组织文化的认识和参与程度，以及对组织的信任程度；

（3）程序：问责制、健康和安全、网络和全面管理的水平与质量；

（4）顾客 / 客户需求：适应需求的变化及创新的能力。

简而言之，在一个有韧性的组织中，员工需要信任领导者，领导者需要信任员工。信任首先从你自己的员工开始，因为他们将是获得顾客 / 客户忠诚度的执行者。

试一试

信任审核

虽然有很多种方法可以衡量组织内部的信任度，但是你必须清楚以下几点。

（1）你在寻找什么？塔克（Tucker）提出，信任包括三类。

> 短期信任。它可以通过一些指标来衡量，例如，目标达成情况或产品的正面反馈。这表明，你的团队表现得很好，但不能反映长期的忠诚度。

> 中期信任。塔克将其称为"反射性不信任"，并将其定义为需要有一定程度的信任才能使公司正常运转，并建

议最好通过"格鲁尼格关系模式"（Grunig Relationship Instrument）来衡量，该工具衡量的是能力、诚信和可靠性的维度。

❯ 长期信任。通过忠诚度（顾客 / 客户和团队成员）及在危机中的宽恕程度来体现。

（2）你在与什么进行比较？如果你关注的是短期信任，那么你是否会将现在的业绩与 5 年或 10 年前的业绩进行比较？你是否将现在的业绩与预期的业绩进行比较？同样，长期信任也可以通过考察以前的危机并将公司的表现与类似的组织进行比较来检验。

（3）你要测量什么？你可以选择测量以下任何一项：

❯ 业绩；

❯ 销售目标；

❯ 留用率；

❯ 招聘；

❯ 顾客 / 客户忠诚度；

❯ 法律纠纷是否减少；

❯ 媒体报道；

❯ 员工满意度得分；

❯ 员工流失率；

❯ 其他你认为对你的实践有帮助的领域。

（4）你将如何回应这些结果？你收集的信息可以帮助你识别行为模式，这反过来又会使你深入了解你的团队如何应对某些情况。

它将使你更多地了解你的团队的信念。

（5）考虑是否让你的团队参与审核，如果团队参与审核，那么就解释其目的及你打算如何进行。当然，你要与团队成员分享行动过程和成果，并决定是否进行后续的数据审查。

虽然信任审核耗时，但它是一种在你和你的团队之间展开对话的方式，同时也可以帮助你深入了解他们对组织的看法。这反过来可以为你提供一个让你做出任何改变或改进的起点，并可以提供相关信息，便于你了解什么能激励（或损害）忠诚度。

在困难时期，忠诚度是关键

虽然许多企业专注于提升顾客 / 客户的忠诚度，但来自团队的忠诚度也很重要，这意味着，团队成员会更加努力地工作（提高顾客 / 客户忠诚度）。因此，随着他们的技能不断提高，你会从中受益。此外，当出现问题时，他们可以成为你的盟友。

多年的心理学研究证明，在困难时期，社会支持是一个重要因素。最近的研究结果表明，社会支持会引起人的大脑的生理变化，这有助于抑制压力反应。如果你有信任的人，那么这就有助于增强你的应对能力。

但是，忠诚不能是盲目的，在危机过后，事情不再受情绪左右时，你要花时间反思错误，了解你的哪些行为是可以改进的。

拥有并实践你的故事

●●● **反思**

> 你是否知道你所在的社区如何看待你的组织？在你的专业
领域内，同行们如何看待你的组织？

> 你一直在传递什么信息（你是否定期审查你的社交媒体、
网站、广告材料及任何面向客户的接触点）？

> 你的日常行为是否反映了你所提出的公司价值观、使命和
承诺？

●●●

试一试

请你的团队成员描述他们认为的组织的价值观是什么。

如果答案缺乏一致性，那么就让你的团队成员提出建议，如何
更好地将日常行为与公司价值观联系起来（这可能意味着改变其中
的一种或几种价值观）。

你的故事很重要，特别是当它能反映成长的历程时。

2019 年，莫妮卡·莱温斯基（Monica Lewinsky）成为《美
国犯罪故事》（*American Crime Story*）中某节目的制片人。多年
来，她拒绝被羞耻感所控制，她在 2015 年的 Ted 演讲中表达了

她的个人成长经历。那时，她的声音开始被认可。

正如她在 Ted 演讲中所说的那样，莱温斯基犯了一个错误，但 17 年来她一直为此感到羞愧，并被公开羞辱。随着互联网的出现，她被许多人评判，但只有少数人知道真相。社交媒体的影响不一定是为了呈现真相，而是为了获得点击量和销量，而且情况只会越来越糟糕。网络口碑（Electronic Word of Mouth，EWOM）在个人和企业方面都是非常奏效的，它既可以达到积极目的，也可以达到消极目的。

不要等到一个错误把你发声的权利从你的手中夺走——你应当确保你所表达的故事正是你想要的，这样你才不会辜负它。

对错误做出回应

如果人们认为你不诚实，那么他们就会把对你刨根问底作为自己的使命，直至他们觉得自己被证明是正确的。

（1）承认错误

人都会犯错，毕竟我们只是普通人。最有效的做法是了解出错的原因，承认错误，以避免将来发生同样的情况。试图掩饰往往会失去他人的尊重。

（2）承担责任

承担责任并不是要分摊责任。指责只是简单的指手画脚和转移视线，而当你承担责任并为错误负责时，你就有能力对你所做的事情进行控制了。承担责任不是接受指责，而是获得权力。

在合作或合并后承担责任，可能是让客户和团队对你的道德规范产生信任的有效方式。当帝亚吉欧公司（Diageo）接手沙利度胺药物（Thalidomide）的英国经销商 Distillers 公司时，它们在30 年内拨出了超过 1.5 亿英镑的资金给幸存者。即使某件事可能不是你的错，但如果它已经成为你的问题，你也需要处理它。

（3）从中汲取教训

有时你的选择是，是否在一个错误中犯另一个错误。不要让"沉没成本谬误"（sunk-cost fallacy）击垮你。假设你已经做了一项让你后悔的投资，如订购了太多没有营养的食物，不要为了让你的钱花得值而试图吃掉它们，这样做反而让自己消化不良。

当问题出现时，可以尝试使用丰田公司开发的"五个为什么技术"，也就是问五次"为什么"的问题，以便找到根本原因。

假设一辆汽车无法启动，你可以问：

- 为什么电池没电了？
- 为什么交流发电机不工作了？
- 为什么交流发电机的皮带断了？
- 为什么交流发电机的皮带已经远远超过了它的使用寿命？
- 为什么车辆未按照建议的服务计划进行保养？

第五个答案就可以指导你采取行动，例如，检查服务计划的执行情况；评估服务人员的效率；检查服务记录的规律性等。

（4）任何道歉都要真诚

正如第 8 章中所讨论的，如果你要道歉，那么就确保它们只是道歉，而不是掩饰性的推卸责任或为自己辩护。

不幸的是，道歉可能会与自我和自我形象有关，而这正是你通常希望保护的。然而，研究表明，当人们第一次被要求对自己的价值观和个人品质进行排序，并关注为什么这种价值观对他们如此重要，然后向他们伤害过但没有道歉的人写一封道歉信时，那些反思过自己价值观的人会做出更真诚、更少防御性的道歉。

如果你需要一个快速检查表，舒曼（Schumann）认为，一个糟糕的道歉可能有以下几个特征：

- 试图为你的行为辩护；
- 指责对方；
- 为自己的行为找借口；
- 淡化后果。

一个好的道歉则是这样的：

- 承认自己犯了错误 / 为自己的行为负责；
- 描述发生了什么情况，并概述你将如何予以解决；

- 承诺下一次会做得更好；
- 表明你已经意识到你是如何伤害对方或给对方带来不便的。

学会道歉有助于你提醒自己并不断践行你的组织的价值观！

保持灵活性：改变方向的能力

商业历史上曾有很多公司从危机边缘恢复过来，取得了比危机发生前更大的成功，你可以通过很多方式进行这种彻底的改变。

（1）关注你的顾客／客户。2008 年，星巴克在经历了快速增长的挣扎后，扭转了命运。首席执行官霍华德·舒尔茨（Howard Schultz）邀请顾客／客户通过电子邮件向他提出改进建议，尽管他不得不关闭一些业绩不佳的门店，但其在财务上肯定会变得更加强大。当古风（Old Spice）想要吸引更年轻的购买者时，它请来了美国国家橄榄球联盟（NFL）球员以赛亚·穆斯塔法（Isaiah Mustafa）在 2010 年超级碗（Super Bowl）期间宣传该活动。此外，匡威（Converse）和马丁靴（Doc Martens）也都认识到了怀旧和复古的流行趋势在扭转其销售方面的力量。

（2）不要害怕管理层的变动。也许你需要下台，也许是其他人，甚至是整个团队。IBM 的首席执行官郭士纳（Lou Gerstner）解雇了近 10 万名员工，以改变公司的命运，在 15 年的时间里，公司赚了 810 亿美元。

有时候，你需要多样化。漫威（Marvel）和乐高（Lego）都是很好的例子，它们进入电影领域重振了消费者对漫画和玩具的兴趣。达美航空（Delta）的做法是，与工会进行更好的谈判并进行内部改革来应对财务危机，而不是试图与新的航空公司直接竞争。

不可预测的因素（如恶劣的天气）可能会影响业务，但来自你的池塘中的"快鱼"的竞争也可能会影响你的业务。

试一试

> 让你的高级团队做"思想实验"，例如，当一些不可控的因素影响到我们或我们的供应链时，我们的公司是否有能力应对？或者，思考一下热带沙尘暴或恶劣天气会如何影响生产？

> 用头脑风暴的方法让你的投资组合多样化——你不需要坚持到底，但是意识到你的选择可以帮助你建立信心。

> 通过定期询问顾客 / 客户的意见，或者通过审查你从他们那里得到的信息（最好是两者都有），定期了解你的顾客 / 客户想要什么。甚至在社交媒体上筛选你的公司，看看公司的名字旁边经常使用什么"标签"，并且了解你所在领

域的消费趋势。

❯ 时刻注意组织的财务状况，以应对任何意外的赔付。

网络口碑营销

长期以来，口碑一直是提升信任和忠诚度的有力工具，由于其影响力，网络口碑现在甚至具有了更大的力量。不仅组织需要进行社会媒体营销，而且组织也需要人们更容易接触到它们，并向它们表达自己积极或消极的观点。

伊斯马吉洛娃（Ismagilova）针对网络口碑营销给出了三个提示。

（1）一定要回复顾客／客户的电子邮件。如果你不这样做，他们很可能会在网络论坛上联系你，也可能会对任何被认为缺乏回应的情况表示不满。如果顾客／客户先访问了公共论坛，那么你可以邀请他们直接与你的组织联系。

（2）邀请并回应评论。感谢评论者的正面言论，并且要清晰简洁地处理任何负面评论。人们通常不会花太多时间说一些积极的话，所以通过认可他们并表达感激之情，你就是在建立信任。对于负面评论，如果能给予及时处理，那么你的组织就会被认为是一个反应迅速的组织。塔克（Tucker）定义了"转移信任"的概念，他认为这是一种来自顾客／客户的信任，组织可能会从顾客/客户对竞争对手的不信任中受益，从而在比较中看起来更加值得信任。

（3）为了获得更可靠的评论，为评价添加评级。亚马逊就采用了这种方法，进而使利润大幅增长。一家致力于帮助企业了解和优化电子业务的数字营销公司补充了以下内容。

- 好好研究自己。假设你是自己的顾客/客户，请写下你在业务中需要的东西，然后确保你的在线展示能够包括这些关键词。
- 在你的话题标签中保持自然和有趣。你的顾客/客户也是人，虽然标签很有用，但要确保你的描述是可以被理解的。
- 定期发布内容。这样做是为了表明你的网站是及时更新的和活跃的。
- 有效利用链接。与其他页面关联链接并从链接中受益，有助于提高你在在线搜索中的排名。一些博客或合作文章可以发挥很好的作用。
- 使用数据分析找出你的网站是从哪里被访问的，了解人们浏览了多长时间，以及他们对什么主题的页面感兴趣。

同时还要注意，虽然文字可以被遗忘，但你的在线足迹却很难被抹去。你可以付费删除评论，但处理不良网络新闻最有效（尽管耗时）的方法是在搜索引擎中增加新的、积极的链接。

因此，确保从事网络口碑营销的人有积极的价值观，因为你的顾客 / 客户和团队展示的也将是他们自己！当然，你每天也应当生活在积极的价值观中。

思考不能代替行动

尽管谨慎的思考和批判性的分析是明智行动的基础，但采取行动很重要。采取行动可以让你弯道超车。请记住，能偷走你成功的往往是更快的"鱼"，而不一定是更大的"鱼"。最好的演员即便沉浸在自己的角色中，也会始终保持一半的心思在现实中，以便他们能够在现场的戏剧环境中对任何意外情况做出反应。同样，你也必须在平静的时候留心观察，准备好你的团队，并在机会出现的时候抓住它们。再好的计划只有得以执行，才能发挥作用。

工具包

现在就开启韧性模式

行动

让失败变得容易被接受，只要你能从中汲取教训。

实践

鼓励你的团队讨论在以前的项目或情况中出了什么问题，以及他们从中学到了什么或改变了什么。让"下一次你会做出什么改变"成为一种自然的反应，而不是把承认失败变成要被斥责或嘲笑的事情。请注意，这当然取决于失败的程度及其后果，但如果员工犯了错就受到指责甚至羞辱，那么这样的企业文化是不利于建立组织信任度的。

应对

通过反思和重塑，清除你自己的"框架"。

实践

在你的组织或职场经历中，有没有让你感到尴尬的经历？如果可能的话，反思这些经历，并将其重塑为一种发展的经历。对你扮演的角色负责，并且确定再遇到类似的事情时，你将会采取何种不同的应对方式。

优化

即使没有必要做出改变，也要意识到你希望在哪些方面有所发展。

实践

建立人际关系网、研究并规划未来，为你渴望取得进展的方向做准备。要注意应对未来的潜在风险。检查一下你是否有应对紧急情况（如洪水、火灾等）的程序预案。另外，还要优化已完成的工作，看看已经编写的程序是否足够灵活，能否应对其他可能的风险。

准备

确保你与客户的所有互动都是专业的，并且是及时的，尽量接受正面和负面的反馈。

实践

很多时候，人们之所以对反馈做出回应，只是为了在事情出错时做出解释。感谢他人的赞美，不仅可以提升他们的积极性，还可以提升他们的忠诚度，而且还会给他们留下这样的印象：这家企业愿意与他们互动，而不是仅仅为了保护自己才站出来说话。

蓬勃发展

找出你的团队中关于韧性的故事，看看它们能否影响你的价值观。

实践

试试下面这个 3 分钟的活动。

两人一组，请你的团队成员花 1 分钟时间谈论他们认识到自己优势的时刻。请他们解释发生了什么，以及他们是如何渡过难关的。请听众写下对说话者有特殊意义的词或短语，即他们在说话时特别强调的词或短语，例如，"继续前进""目标""不想让某人失望"。然后交换并思考这些词或短语的含义，以及如果它们成为公司（或团队）的价值观，你将如何践行它们。

笔记

我做了什么　　　　　　　　　　　　　　　日期

反思（日后）

我的想法现在发生了怎样的变化

第 10 章

培养生存、重建和成长的
自信心态

新冠肺炎疫情曾导致航班停飞、企业关闭、群众生命安全受
到威胁。各国政府竭尽全力地遏制它，企业被迫做出改变，许多
企业无奈下停业或转为远程工作。我们可以从这样的危机中学到
什么？

自满会导致疏忽

那些在陷入困境后花时间反思并从错误中汲取教训的人，往
往会采取新的措施来避免将来发生类似的情况。这就是为什么人
们会修改以往的法律或颁布新的法律，即使是商业惯例，也可能
会改变。但是，尽管人们需要时间来适应新常态，但在经历了一
段很少发生事故的时间后，人们还是会放松下来，会忽略一些事

情，并有可能忽视一些（你可能后来会意识到）本应更早注意的警告。

图 10-1 是危机中的人为错误的模型。

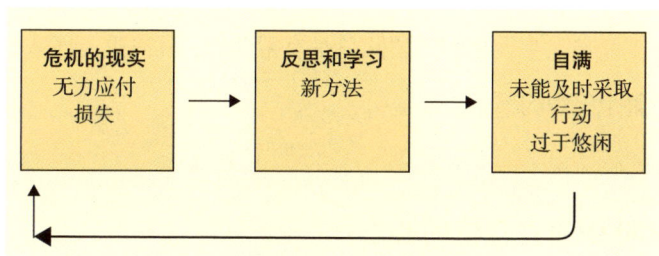

图 10-1 危机中的人为错误的模型

然而，我们应该在学习之后保持清醒的头脑，不要陷入自满的境地。

● ● ● **反思**

> 你身边有哪些人可以帮助你保持系统的平衡？当然，这并不意味着他们必须为你提供建议。有时，对反思型领导者来说，仅仅是反复检查自己是否考虑周全就足够了。

> 你是否相信你的团队成员会挑战你的想法，他们不是不服从，而是有信心在经过深思熟虑后持相反的观点。

> 你是否相信你和你的团队成员在考虑信息时会进行批判性思考和积极的思考？

> 你是如何激励、表扬、支持你的团队成员成长的？

● ● ●

鼓舞人心的领导者往往拥有热切的追随者，但如果没有批判性思维，就有可能因热情而陷入自满。心理学家克里斯托弗·博拉斯（Christopher Bollas）说："当两个完全现实的人合作时，他们有可能发展出第三种更新、更强大的方法。"换句话说，拥有一支能带来个人见解的团队总是有帮助的，同时这支团队也能支持整个组织的愿景。

在团队中建立自信的心态

● ● ● **反思**

> 你是否知道你的团队成员希望在哪些方面得到发展？
> 你是否意识到你的团队成员拥有不同的技能和能力（它们是什么）？
> 你提供的培训是否有助于团队成员拓展他们的技能，并发展出新的技能？

● ● ●

许多原因可能会阻止团队成员表达他们的想法，如文化（企业文化和教养）、以前的经验，以及他们根本不知道可以这样做。这可能会让领导者认为每个人都很正常，而实际上有些人正在寻找一份新的工作。

试一试

在评估时，正式或非正式地向你的团队成员询问以下问题。

> 你想发展什么技能来帮助自己成长？
> 是什么激励了你，以及我们如何在工作中纳入更多这样的内容？
> 是否有你想尝试或学习的工作领域，即使它们与你现在所做的事情没有直接关系？

你要经常表扬团队成员所做的事情，与他们建立积极的、融洽的关系，这样做可以使团队成员更有信心。

自信的心态需要培养

当团队成员学习新技能时，为他们提供指导或支持可以消除他们尝试新事物的恐惧感。有些人因为害怕失败而选择待在自己的舒适区里（见第 3 章）。通过提供适当的支持，不仅学习的过程会变得更加愉快（而且更有可能被复制），而且信心会随着技能的提高而增长。

下面的练习有助于团队从内部建立信心。

1. 迅速发展

意识到你的团队的优势，并促使团队成员不断发展。你可以创建一个矩阵，其中涵盖关键工作技能，以及团队成员希望发展的领域中的技能（见表 10-1）（在理想情况下，矩阵中列出的技能至少有一项必须由团队成员自己选择）。

表 10-1　关键工作技能及希望发展的领域

姓名	关键工作技能 1	关键工作技能 2	关键工作技能 3	希望发展的领域 1	希望发展的领域 2	希望发展的领域 3

2. 挑战不安全感

许多人患有"冒名顶替综合征"（impostor syndrome），即认为自己不配获得成功。你应鼓励团队成员思考他们认为自己不如他人的方面是什么、他们擅长什么，以及如何正视并接受挑战。

（1）消除自卑感

- 试着找出你在人人身上看到的你认为比你更成功的方面，并把它们写下来。

- 与你写在纸上的成就相比，问问自己，他们是否真的更有能力，还是他们表达能力的方式让你感觉自己不那么有成就感？如果是后者，请考虑你是否愿意学习这种方法；如果是前者，请接近他们，询问他们关于提高该领域技能的建议。

- 看看你能否与他们合作，而不是把他们看作竞争对手。你要么会取得比你认为的更多的成就，要么你可能会意识到，在现实中，他们并不像你想象的那样了不起。

一般情况下，你塑造的故事扭曲了你的看法，而重塑它就可以重建你的自信。此外，承认嫉妒的感觉可以帮助你控制它们——与他人交谈并向他们寻求建议，以努力实现他们所取得的成就，这将比怨恨更令人振奋。

（2）庆祝自己和他人的成就

孩子们常常被鼓励写下他们的成就，并贴在房间里。成年人也可以在办公桌周围做同样的事情。

如果你有一支相互了解的团队，那么另一种方法是：

- 给每个人一张白纸，让他们在上面写下自己的姓名；
- 告诉他们把纸传下去，从最下面开始，每位团队成员都必须写出他们对每个人的正面评价。

找出你们的不同之处与相似之处。简单的维恩图可以显示出团队成员之间甚至部门内部的重叠区域。

（3）鼓励团队成员真实地生活

提醒团队成员，每个人都可以通过说出自己的想法（以尊重的态度）来学习。持不同的观点并没有错，有时通过听取不同的观点可以让人学到很多东西。

3. 致力于个人成长，并鼓励你的团队也这样做

找一个安静的时间来反思一下你的观点和方法，你可以看看下面的自我指导陈述。

- 我尽量避免把挑战你的认知看作一种威胁，而是把它看作一次了解另一种观点的机会。
- 我是一个寻求不断学习、尝试新事物、敢于放手一搏的人。如果你不是，那么问问自己为什么。
- 我找到了一些方法（如冥想），这些方法可以让我的头脑保持冷静和清醒。当你不再情绪化时，才能更好地看待现实。情绪会影响判断，但僵化的规则或习惯性行为也会影响判断。当然可能还有另一种解决方案，在我们做出回应之前，花一点时间打开思维，接受这种可能性。如果不需要立即回答，那么睡一觉有时会很有意义。在我们生活的这个快节奏的世界里，这个特别的提示是很关键的。
- 使用积极的语言。你会说某件事是好的或坏的吗？如果

你这样做，那么你已经对它进行了加权，并对它进行了
划分。然而，在一种情况下是坏的或无效的东西，在另
一种情况下可能是好的或有效的东西。通过我们使用的
语言来拥抱生活、观点和变化的复杂性及流动性，虽然
很难，但会有所帮助。

在表达自己的观点之前，我总是先确认他人的观点。讨论的
目的不一定是要改变某人的想法，而是要为你们双方的成长创造
潜力。接受他人的不同想法是这个过程的一部分。

韧性模型：生存 – 重建 – 发展

在危机中，生存可能是最难的部分

本书中使用的韧性模型是在危机、疲惫和竞争这三种情况下
的一种应对方式。

当危机来临时，生存的欲望会激发出人们最好的一面和最
坏的一面。当危机不可预测，并且不在你的控制范围（如全球灾
难）时，为生存而战就会超越你的组织。

● ● ● **反思**

在危机中，你将如何保护你的组织？

常见的生存策略包括：

- 削减成本（包括裁员和减少管理费用、缩小规模、精简业务及产品规模）；
- 提高或降低产品价格；
- 采取积极的营销手段。

上述策略在某种程度上都是成功的，但我称之为积极或协作的方法也是如此：

- 加强与现有客户的关系，例如，主动询问如何才能更好地满足他们的需求；
- 培训也可以给你的团队成员一种安全感，至少能让他们更有信心；
- 专注于留住忠诚的顾客/客户——在每个人都受到影响的情况下，为可能陷入困境的顾客/客户提供灵活的服务并理解他们。

向外拓展可能并不总会奏效，但除了像上述三种策略所建议的那样专注于内心之外，你还给了自己更多的生存选择。

在生存模式下注意自己的行为

困难时期充满压力和考验，要保持积极的心态是很困难的，恐惧和不确定往往会导致愤怒、痛苦等消极情绪。你要意识到自己的行为很可能会被周围的人关注。

● ● ● **反思**

反思自己是否做到了以下几点。

> 　树立积极行为的榜样。
> 　不引发仇恨或不信任。
> 　以建设性和有益的方式表达自己，而不是制造不必要的
> 　痛苦。

● ● ● ●

协作往往会导致更快的重建

在困难时期加强关系，当一切恢复正常时，可能会带来更大的忠诚度。相反，在困难时期缺乏支持的经历将被人们长期记住。当然，风险总是要考虑的——如果客户是忠诚的，但资不抵债，或者如果他们为了确保自己的生存而被迫改变行为方式，那么该怎么办呢？明智的做法是了解你的客户和可能的合作伙伴，并考虑他们的承诺和未来可能的增长。同时还要认识到，精明的客户或合作伙伴也会以同样的方式评估你的潜力。

你的企业不是在真空环境中运作的，那些能够更好地重建的人往往能做出明智的投资、表现出较少的攻击性并采取有效的行动。

● ● ● **反思**

在你的客户和合作伙伴中，哪些人最有可能在未来与你的组织一起成长？为什么及如何？

值得反思的是，为什么你认为他人不会与你一起成长，你能否发现一些未被注意的潜力。

● ● ●

与协作相关的能力如下。

- 解决你的团队所面临的现实问题——危机是否使他们经济困难，从而影响了他们的生活质量？如果他们难以偿还抵押贷款，敦促他们完成目标是不合适的，也是无效的。

- 找出危机中的机会。如果在危机期间，你在通信或供应链方面遇到困难，那么你就考虑今后应当采取哪些措施来解决这一问题？

- 注意你的道德行为。你的系统中是否有需要彻底改革的方面，找到更健康的方式来实现目标？

危机后的繁荣

当你开始再次成长时，你要善于从过去的经历中学习。如果你正在追求新的方向，并且停止了某些供应链方面的项目，你必须确保不要削减太多。

1. 不要削减太多

● ● ● **反思**

"精益"应该是怎样的精益？

● ● ●

削减开支的一个合理理由是为了避免浪费。如果某样东西被认为是不符合成本效益的，那么它很快就会被淘汰。不幸的是，在意外发生的情况下，这可能会让你措手不及。

虽然并不总是有必要保留那些不再经常使用的东西，但明智的做法是考虑以下几点。

（1）如果需要，我将如何获得已撤销的项目或服务？这可能包括考虑你需要建立或维持的关系，以及可能需要进行的培训。

（2）如果我没有这个被撤销的项目或服务，那么有哪些缓解因素可以确保我不会遭受重大损失？

（3）如果我没有这个被撤销的项目或服务，那么当我需要它时，我的风险有多大？

> 始终确保解决方案提供的帮助大于问题本身带来的麻烦。

2. 重新连接并表示欢迎

与你在危机期间可能失去联系的组织重新建立联系，对它们在重新成长方面的情况保持敏感。同时，培育新的伙伴关系，特别是如果它们看起来对双方都有利。

3. 了解你的客户和团队的动态

当危机解除后，许多人都会受到影响，许多人可能已经经历了他们自己的变化过程。对一些人来说，他们会欢迎恢复正常的机会，另一些人可能已经选择了一条适合自己的新道路，还有一些人可能已经不堪重负，正在努力重新站起来。对不断变化的需求要保持敏感——即使你无法满足所有需求。

4. 准备好应对策略

新冠肺炎疫情曾导致许多国家的航班停飞、道路上的车辆减少、远程工作成为常态、卫生习惯成为人们关注的焦点。其中一些因素导致了更高的生产力，以及员工工作与生活的平衡。韧性不是简单的回归，而是成长。

在家里工作成了一种普遍现象，许多企业通过 Zoom 或 Microsoft Teams 等在线平台保持员工之间的联系，甚至 Facebook 和 WhatsApp 也增加了"私人会议室"的功能。

作为一名在家里接待客户的顾问，以下是我避免在线会议疲劳的建议。

（1）不要安排背靠背的会议

在现实生活中开会会有一段休息时间，能够让你的头脑保持

清醒。而"背靠背"的在线会议虽然是高效的，但当它不允许你
有机会休息时，它真的有效吗？

作为一名教练，我永远不会一个接一个地安排客户——无论
在网上还是在我的办公室——这是非常令人疲惫的，你的团队也
是如此。考虑到会议可能会超时，我至少会留出 30 分钟的空档
时间，这已经很短了。你应该为你自己、你的团队和你的企业负
责，在讨论足够重要的问题时全身心地投入到会议中即可。

（2）问问自己是否需要进行视频会议

- 视频会议很耗费精力。如果我不能亲自见客户，那么我
  会与他们进行视频会议，因为我需要看到他们的肢体语
  言，肢体语言可以传递很多信息。通过这种方式，我能
  够更好地探究某些话题或专注于某些领域。但我认为，
  反过来我的客户看到我才是公平的。他们不需要读懂我
  的肢体语言，但这样会让他们确信我正在全神贯注，这
  是完全恰当的。

- 视频会议还涉及另一个问题——就像那些在会议室里的
  人一样——你必须出席。因此，这更令人筋疲力尽。如
  果你能以不同的形式有效地获取信息，请考虑一下是否
  需要参加视频会议。

- 只要你不需要看到你的学生，录制网络研讨会或课程意

味着他们可以随时访问它，这样可以使他们更好地管理
自己的时间。

（3）注意你的举止

- 当你在家里工作时，这意味着你很容易被打扰，除非你
有一个完全独立的家庭办公室。
- 在《现在就做个好经理》（*Be a Great Manager Now*）一
书中，我建议在解决冲突时，最好在中立的地方进行，
这样就不会有人觉得受到威胁。现在，在工作环境中，
你不仅要邀请那些你不一定会和他们一起喝酒的同事到
你家里，而且你还要进入他们的家里。

5. 应对在家里工作的各种状况

孩子、宠物、快递、网络问题等都是在家里工作时需要考虑
的因素。你可以利用这个机会和你的孩子谈谈你的工作，并告诉
他如果你在打电话，他可以做些什么来让自己忙起来。

6. 获得一些离线时间

关闭电源，走到花园里去，或者打开一扇窗户透透气。花些
时间远离屏幕的强光（及你可能用来打造你在视频中的形象的所
有灯光）。

花点时间忙里偷闲一下：

- 听听鸟叫声；

- 感受温暖的阳光；

- 深呼吸；

- 做一些诸如读书、唱歌、画画等远离屏幕的事情；

- 享受一杯茶（或任何你喜欢的饮料）；

- 戴上眼罩休息一下。

7. 庆祝、赞美和感谢你的团队

虽然度过困难时期可能是一种解脱，但你一定要找时间和你的团队一起庆祝你们所做的事情。当限制或改变强加于不能立即看到的结果时，那么遵守这些限制或改变是不容易的，你必须认识到团队成员对你的支持和信任。如果可以的话，花点时间当面感谢他们。

工具包

现在就开启韧性模式

行动

确保学习的心态。即使事情进展顺利，也要继续拓宽你的知识面，保持思维活跃。当处于困境时，快速的、创造性的思维往往是通往成功的有效途径。

实 践

设置一些小挑战来提升你的团队成员的创造力，避免给团队成员造成额外的压力，以令人愉快的方式认可他们的创造力。

应对

倾听不同的声音，创造良好的环境让团队成员表达自己的想法，认可他们的努力，为他们鼓掌。

实 践

如果有人对组织的一项决策表示担忧（即使是一项尚未进行磋商的决策），那也应该花点时间亲自了解他们为什么会感到担忧。

优化

鼓励你的团队成员说出他们的担忧及想法。要有沟通的渠道，让他们容易联系到你，并且请记住，人们需要更直接的提示，而不是仅仅说"我的大门永远为你敞开"。

实 践

向你的团队成员提出本章开头的任何一个反思性问题。

准备

虽然没有必要发出警报，但要让自己意识到日益增长的全球性问题。性别歧视、性骚扰、心理健康等问题与气候变化一样，都是人们关注的焦点。请记住，你最好在危机发生之前建立韧性。

实 践

阅读一篇关于全球性问题的分析文章。

蓬勃发展

虽然危机总会让人付出代价，但它们也体现出了人类的智慧。下面这首原创诗歌提醒我们，繁荣既象征着美好生活，也意味着重新生活。

> 当这一切都结束时，
> 我们会敲开朋友的门，
> 去参加每一次聚会，
> 更多地说"我爱你"。
> 当这一切都结束时，
> 透过这些不快，我们会看到美好，
> 因为只要我们在一起，
> 我们就会感激，也应该感激。
> 当这一切都结束时，
> 我们不再处于痛苦中，
> 我们就会知道，再也不会把那些小事当作理所当然。

笔记

我做了什么   日期

反思（日后）

我的想法现在发生了怎样的变化

第**11**章

有韧性的未来规划

如果可以重新来过，你会改变什么事情吗？我的回答是："不，但我可能会让自己在心理上更适应它！"

只有经过考验，你才知道自己有多强大。

这是一种经常被提及的情绪——尤其是当精神、身体和情感的考验毫无征兆地打击我们时。有些人很坚强，他们站立着、应对着、解决着，但他们生来就如此吗？我一直坚持的一件事是，我不会改变我所经历的一切（即使是艰难的经历），因为这一切造就了现在的我，但有时候我确实希望自己能更早一点建立起一个更好的、更健康的情绪基础。

韧性的三个关键组成部分

正如你在本书中看到的，韧性首先是在危机中生存下来，然后是在危机后重建，最后是实现蓬勃发展。这需要三个关键组成部分（见图 11-1）。

灵活应对	灵活适应	坚持下去的能力

图 11-1　韧性的三个关键组成部分

● ● ●　**反思**

> 适应对你来说有多容易？我们可能认为自己很灵活，但如果有人要求你做一些你不喜欢的事情，你会去做吗？更重要的是，你会把它们做好吗？

> 你学习的速度有多快？我指的不是掌握新技能，而是改变多年来养成的习惯。在遇到棘手的问题时，你会坚持下去吗？

> 你不得不再次适应，然后在这个过程中学会更多，你能坚持下去的可能性有多大？

● ● ●

你有工具，你在学习，但在面对挑战的时候能够坚持下去，这才是对韧性的真正考验。请记住，动机主要取决于两件事：

（1）你在现有选择中的个人偏好；

（2）你期望自己能做到，并期望它能带来结果。

通过不断拓宽思维，你会发现或创造出更多的选择，实践得越多，你就越有可能做到这一点。但你首先需要相信自己能做到这一点。教练、培训师及领导者的作用不是给团队提供一个快速的解决方案，而是向他们灌输这样的认知：无论生活抛给他们什么，只要他们需要，他们就可以创造出解决方案。因此，我希望你思考一下自己的优势和你能提供的支持。

● ● ● **反思**

谁以及什么事增强了你对自己的信任？谁以及什么事能帮助你继续坚持下去？那些与你有共同价值观的人会给你带来活力。他们是人生导师，你在他们面前能够表现出自己的弱点，你也愿意听取他们的意见来提升自己。留意生活中让你坚持下去的小事，就好比味道、声音、气味、触觉带来的愉悦感。

● ● ● ●

心理锻炼就像身体锻炼一样，可以让你的大脑保持灵活。这可能是韧性中最重要的因素，也可能是你认为自己必须努力培养的能力。

可以依靠的人

我对鼓舞人心的电影情有独钟，这些电影讲述的往往是人们从看似不可能的情况中获得成长。当然，我理解剧情需要，但在所有浴火重生的故事中，有些事情似乎是真实的：

- 学习能力（尽管是在经历了一些错误之后才获得的）；
- 适应能力；
- 来自某人或某事的支持。

我发现，在这类电影中，主人公对自己的信任往往被低估了。不知何故，他们知道自己会应付得来，而他们从其他人（导师、朋友、教练）那里得到的支持，则有助于他们保持坚强。

知道自己能应付是至关重要的，因为生活中的奖励方式与学校的奖励方式不同。生活的规则是不明确的，你不总是能得到一颗金星，有时你根本不知道你所做的事情会有何影响，除非你自己意识到这一点，但你可能不会得到任何形式的赞扬或认可。

因此，坚持下去的能力往往建立在信任的基础上，而来自某人或某事的支持，最能增强你坚持下去的信念。

需要提醒的是，你不能把你所有的信任都转移到外部资源上。尽管外部资源（朋友、老师、导师、信仰）会让你不断前进并能助你恢复活力。但是，你需要自己操控方向盘，当你感到迷茫时，你就很难继续下去了。如果你足够幸运，能通过某人对你的信任而获得信心，那么记得感谢他们，无论物质上的还是精神上的感谢。虽然生活确实是你自己创造的，但正是这些人帮助你变成现在的自己。

重建有时比生存更难

> 门外的敌人不那么可怕，因为他是众所周知的，并且公开地举着他的旗帜。可怕的是门内的叛徒，他可以自由地活动，狡猾地窃窃私语，在所有小巷里，甚至在政府大厅中都能听到。因为叛徒看起来不像叛徒。
>
> ——泰勒·考德威尔（Taylor Caldwell）

请注意，生存模式是在能量储备最高的时候启动的。此外，在这段时间里，肾上腺素通常处于较高水平。你此时专注于渡过难关，如果不被危机本身直接击倒，那么你就有可能把自己拖到危机的另一边，尽管这很困难。正如泰勒·考德威尔描述的那样："全球大流行病、气候变化或金融泡沫破裂，这些敌人都是众所周知的，并且公开打着它们的旗号。"危机过后，经济萧条是很常见的，身体、情绪和精神上的疲惫也会随之而来，毕竟你是为了生存而工作。如果你得不到休息，你就必须重建。

更糟糕的是，你必须在每个人都在努力重新站起来时这样

做。竞争加剧，人们往往不像危机期间那样有耐心分享经验或乐
于提供帮助。那些在生存模式下可能对你有帮助的措施，现在需
要在仍然缺乏机会但更缺乏慈善的时代得到回报。

韧性不仅会为你的生存做好准备，而且会为之后的两次下滑
做好准备——在筋疲力尽中重建，然后在竞争中蓬勃发展。你的
心理和情绪健康必须处于巅峰状态，这就是为什么你要经常阅读
本书并运用书中技巧的原因。

● ● ● **反思**

在生存阶段：

> 当你筋疲力尽时，是什么事情或谁让你坚持下去？
> 在危机时期，如何才能得到或找到喘息的机会？
> 在危机时期，为了生存，你需要的最低限度的保障是什么？没有这个最低限度，你就没有资源来恢复或重建了。

在重建阶段：

> 在新的合作关系中，有谁可以帮助你恢复？
> 你可以使用哪些新的或可转移的技能？

定期对顾客／客户进行复盘，在可能的情况下探索新的领域或
机会。

在蓬勃发展阶段：

> ❯ 所有暴露的弱点是否都得到了令人满意的解决？
>
> ❯ 你从中汲取了哪些经验与教训，以及它们如何为你当前的决策提供信息？
>
> ❯ 你有没有对与你同行的人表示过感谢，你会继续这样做吗？

你需要有继续前进的能力。生活就像一场旅行，车辆可能会加速、刹车、转错弯，甚至发生事故，但它不会停止。

韧性是在接受考验前做好准备

在旅程开始前，你需要给油箱加满油并检查机油，而且你要经常在旅途中这样做，因为你不知道自己什么时候需要它。韧性是指准备好更快地行驶、转弯、刹车，但不能撞车。你必须加速，但要知道如何在各种地形下驾驶。因此，韧性是关于建立和不断完善情绪和心理健康状况的，而不一定是关于完美健康状况的。

韧性是在接受考验前做好准备，而培养韧性最好的时机是在事情平静的时候。当事情不平静时，你需要你所积累的所有情感和精神能量来生存和重建。正如我在第 9 章中所说的那样，韧性是让你会好起来的特质，你会在韧性的三个阶段中应对考验。你还会发现，如果你已经增强了自己的实力，不仅生存和重建更容易，而且你能更容易找到方法，在意想不到的事情发生后还能茁壮成长。

建立韧性永远不会太早或太晚

试一试

ABC 模型

以下建议来自辩证行为疗法，它可以有效地帮助人们管理和应对自己的情绪。与建立韧性一样，在危机前完成这些建议是最有效的，因为在生存模式下，你很难找到时间去做这些事情。这是一项艰苦的工作，但你要像重视身体健康一样重视情绪健康——你练习得越多，效果就越好！

1. A——积累积极的经验（Accumulate Positive Experiences）
（1）专业的
举办团建等社交活动，让人们随意进行交流。
（2）个人的
多花时间与那些让你感觉积极的人在一起，少花时间与那些让你失望的人在一起。这可能意味着你要对社交媒体上的一些好友进行分类，甚至屏蔽或取消关注某些好友（即使是暂时的）。

（3）一般情况

当你在做自己喜欢的事情时，要有意识地专注于它。去年圣诞节，我设置了一项"有意识的圣诞挑战"，让人们有意识地消费，而不是习惯性地购买一张卡片，然后忘记自己买了什么。

积极寻求自己喜欢的事情，这可能意味着重新审视曾经的爱好或日常生活中被搁置的技能。

认识到你已经拥有的事物的价值，例如，美好的一天，蜷缩在你腿上的宠物，味道、气味、声音，否则你可能会认为这些都是理所当然的。这也适用于你珍视的所有人，你要经常告诉他们，他们对你有多重要。

2. B——建立掌控能力（Build Mastery）

（1）专业的

学会拓展你的舒适区。这并不意味着你要取得巨大的飞跃，只要专注于今天比昨天做得更好一点就行！例如，参加团队竞赛或设置团队挑战，这些活动既有趣又能发挥个人才能。

（2）个人的

提醒自己是什么事情让你感到自豪。我会告诉我的客户，让他们记录自己表现得与众不同的方面，并且经常看一看。你甚至可以在几张便利贴上做这些事情！

（3）一般情况

做一些让你有成就感的事情。我完全支持并鼓励你走出自己的舒适区，但有时候，当你处于一个棘手的阶段时，你必须找到重新开始的力量，做一些你擅长的事情可以提醒自己，你是可以做到的。

重要的不是实际的技能，而是提醒自己，你可以学习，你确实在努力工作，你会成功的。

3. C——提前应对（Cope ahead）

（1）专业的

虽然你不能为每种可能发生的情况做好计划，但你对可预见的情况准备得如何呢？如果过去有什么事情让你措手不及，那么就从中汲取教训，并制订一项行动计划。你可能永远不需要使用它，所以，你不需要总是知道如何回应，但这种使你的头脑活跃起来的行为意味着你更有可能在需要的时候付诸行动。

（2）个人的

准备一份好友清单，想清楚在你需要的时候谁可以帮助你。在这样做的时候，你还要花一点时间积极地巩固这些关系。合作是生存、成长和发展的关键。想一想，谁在你的人际网络中？你可以依靠他们吗？你们如何互相帮助？

（3）一般情况

你不仅要了解自己所处的专业环境，而且要了解更广泛的社会环境。在商业中，这不仅意味着你的专业领域，还意味着全球趋势，你要做好准备接受未来的考验。你需要什么样的培训？你需要做出哪些调整？

危机并不总是导致问题，但它会暴露出裂缝

危机带来的压力和紧张并不意味着你为之奋斗的一切注定会失败，但薄弱环节会暴露出来。

危机来临之前是审视这些问题的最佳时机——本书包含了很多实用的方法。不幸的是，正是在这个时候，"没有坏就不要修"或"我们现在可以放松"的心态可能会成为导致最终问题的根源。

躺在功劳簿上太久是我们遇到的危险之一，尤其是在经历了一段动荡时期或艰难的变革之后，在应付、自信和自满之间存在着一个微妙的界限。

当你作为一名"幸存者"渡过难关时，树立信心是很正常的事。"谢天谢地"的心态很快就会转变为"还不算太糟"。除非你对自己的行为保持警惕，否则这可能会导致你在一种不复存在的情况下做出选择。例如，一些危机导致了抢购行为。许多研究人员会讨论恐慌心理或囤积心态，但很少有人从零售商的角度看待问题。随着社会节奏的加快，消费者的行为也随之改变。其中一个变化是，越来越少的人按月购物，而更倾向于在街角买东西。零售商对这种需求做出了回应，他们变得更加高效，但高效的系统来不得半点松懈，没有冗余，因此没有韧性，也没有闲置产能。这是一个问题，因为在现实世界中，完

美的条件很少存在很长时间，而罕见事件发生的频率比你想象中要高。正如我在第 10 章中所说的那样，要注意你是如何做到精益求精的。无论你的前行之路如何，都要反应灵敏，保持警觉。

> 你可能会被意外击中，但你不需要把下意识变成"膝跳反射"。

定期为组织进行"健康检查"

利用闲暇时间（危机之外的时间）倾听和关注你的团队成员如何成长。

试一试

请注意，虽然这种情况最有可能发生在危机之后，但最好定期重复这样做。

审视你的薄弱环节

（1）在最初的反应阶段，反思并改正自己的弱点。虽然同样的事情可能在你的一生中不会再发生，但你可能已经发现了自己反应迟缓或影响团队士气和信任的某些方面。通过问五个"为什么"可以找到问题的根本原因（见第 9 章），了解发生了什么。

（2）理智的意识并不等于实际的准备。你可以很好地了解理论，但行动才是最重要的。在生活指导方面，我告诉那些多愁善感的客户"不要成为从未活过的最开明的人"。你需要将想法付诸实践，如果你做不到，那就努力适应你能做到的。

（3）是否有更广泛的网络，你可以与之合作并成长？利用这段时间建立关系网或寻找机会，尤其是在你有时间思考的时候。同时也要意识到，人们的习惯和行为在危机之后可能会改变。你还要考虑以前的专业领域，这些领域现在可能已经不存在了，它们复苏会对你有好处吗？技能永远不会被浪费，它们就像一份日程表，你要使用当时最适合你的东西，但这并不意味着它们已经消失，即使它们现在需要稍加修整。

（4）意识到顾客 / 客户行为的变化。在发生危机或情况发生变化后，我们习惯的生活方式可能会发生改变，我们的消费行为也会随之改变。组织需要及时了解并考虑顾客 / 客户可能出现的心态。

（5）利用这段时间反思自己的反应能力和成长潜力。如果你有一段安静的时间，你可以问问自己以下问题。

> 如果你知道一场混乱或危机会持续很长时间，而不是原定的 12 周，你会如何应对？

> 如果你在 6 个月前就知道会发生这种情况，你会做何准备？

> 哪些长期的战略项目必须改变或可以因此而开始？

> 你可以与谁合作来帮助自己调整方向？

（6）注意你的恐惧反应。危机会带来恐惧，而恐惧会导致下意识的反应。如果能够意识到你的反应是什么，你就不会再陷入旧的习惯。你不会因为口渴而去喝毒药，为什么会因为恐惧而去做一些有害的行为呢？

现在就试着做这些简单的事情，让你的心理和情绪步入正轨。

每周选择以下的一项作为重点，轮流进行，直至你可以轻松完成所有三项。

（1）广泛学习。这种学习可能会集中在你的行业、你的个人发展、你的家庭、你的兴趣上，它不是以特定目标为导向的，这种学习会让你习惯于考虑不同的想法和观点。

（2）请注意，你是在主动做出选择，行动不一定要成为习惯。如果你习惯性地做某件事，那就反思一下原因，以及你会有什么替代方案。这会让你保持灵活性。

（3）勇于尝试。你不需要等他人要求你做的时候再去做（事实上，如果你是发起人，这是一项相当高超的技能，因为许多人往往喜欢跟随）。你也不需要和他人一起尝试。为什么要等他人带着你做呢？如果你想做，那就去做，这会建立起你的自信，让你相信自己可以完成。

韧性就是在接受考验之前先确保自己的心理和情绪是健康

的，它总是对你有好处的（即使危机还没有到来）。韧性是一项
与体力和财务安全同等重要的生活技能。

启动你的引擎

你的终级工具包由两项活动组成：第一项活动旨在提高你的
生存和重建能力，提醒你拥有什么和你从哪里来；第二项活动旨
在支持你的成长和实现蓬勃发展的愿景。

团队合作的范围——故事板路线图

这项活动改编自罗杰斯（Rodgers）和马歇尔（Marshall）的
研究，如图 11-2 所示，在路线图风格的图片拼贴过程中，用图
片代表答案。

这个故事板路线图提醒我们，在危机期间和事后重建期间，
要保持团队的强大和专注。对价值观的关注是团队持续发展的关
键，因为这样才能开启有目的和有意义的旅程，并证明团队的努
力付出是值得的。与其改变路线图，不如创建后续的继续成长
之旅。

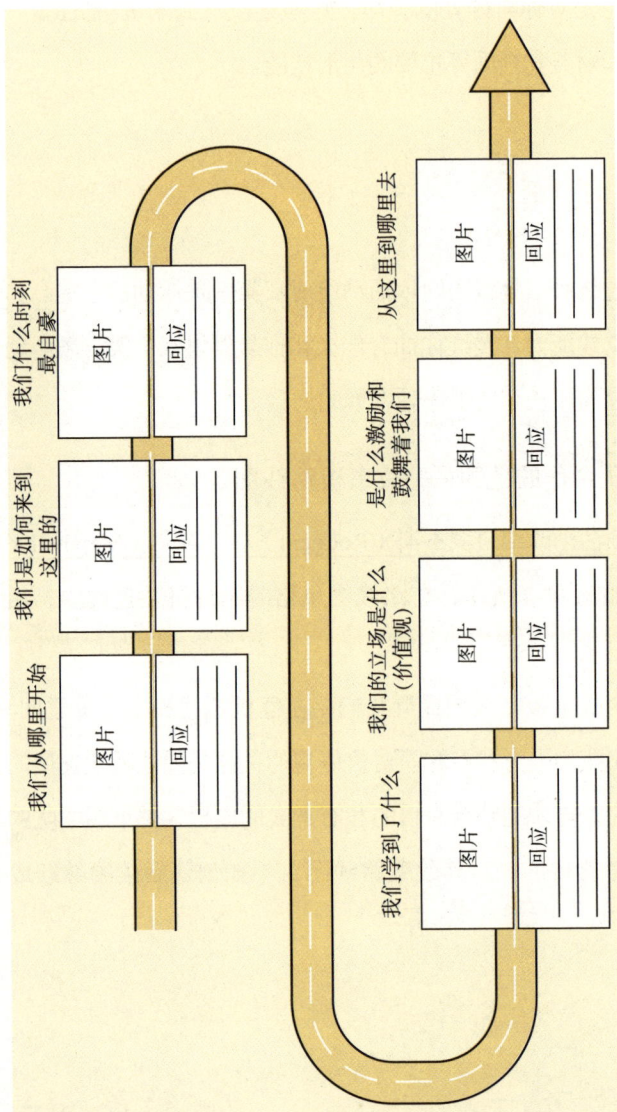

图 11-2　故事板路线图

团队未知的路线——愿景板

与你的团队成员一起确定以下事项：

- 你们的总体目标；
- 用三个词来概括团队的日常价值观（不是使命宣言，而是每天的目标）；
- 你希望吸引的理想顾客 / 客户；
- 今年的财务底线（及你所期望的）；
- 重要的集体行为，即你希望和谁一起工作、建立及维持关系，以及为什么；
- 你希望获得的核心能力（无论通过外包的方式还是通过提高技能的方式）；
- 你的理想或励志名言。

你可以将其设置为墙上的图像拼贴画，并随着优先级的不同而改变它。它会指引你设定一个集体目标，让你在不断成长的过程中专注于这个目标。

最后的想法

建立韧性，也就是保证你的心理健康和情绪健康（这反过来又反映在你的身体和硬技能的表现上），虽然这不是你在危机时刻可以轻易做到的事情，但当你阅读本书时，你应当考虑去做这件事。如果你提前开始做这件事，即使是慢慢地做，你也会受益良多。就像任何健身教练都会告诉你的那样，不经常锻炼就无法保持像运动员一样的身材，你需要建立你的"能量库"（或加满你的"能量罐"），以保持健康的精神面貌，以便在事情变得艰难时能够继续前行。

开始永远不会太晚，也不会太早。现在就打造你富有韧性的未来吧！

工具包

现在就开启韧性模式

行动

无论你做了什么改变，都要坚持下去，但要增加更多好的方面，而不是限制坏的方面。请记住，需要改变的不仅是行为，还有心态。例如，你想保持健康，可以通过自律来限制饮食，或者增加运动量，但要坚持下去。虽然限制饮食和自律在短期内效果最好，但重要的是生活方式的改变，这就困难得多了。相反，我建议，你应该增加更多的健康行为。例如，制订有规律的锻炼计划，喝适量的水，吃适量的水果和蔬菜。这就会给不健康的行为（如吃垃圾食品）留下更少的空间。

实践

在阅读本书的过程中，设法增加更多的积极行为。腾出时间进行反思、学会感恩、进行训练等，这样你就不会有太多的时间为那些你无法影响的事情而担心了。

应对

如果你打算把精力用在某些方面，那么就展开有意义的行动。根据上面的观点，如果你已经决定把注意力集中在一个值得关注的领域，那么就确保它是一个你可以影响的领域，然后设法影响它。有时，当事情进展顺利时，为了让我们感觉不那么内疚，我们的大脑会游移到我们无法影响的事情上，但这样我们仍然会感到担忧。

实践

将你关注的领域划分为你能影响的领域和你不能影响的领域，并对你影响范围内的至少一个方面采取行动。

优化

在我从事心理学研究之前，我是一名戏剧教师，在那段时间里，通过授课和演出，我知道我的课程融入了纪律、团队合作、友情和许多生活技能，一些学生学到了这些，另一些学生只学到了戏剧。

> **实 践**
>
>   无论你要做什么，都要设法了解一些相关知识。学习一项技能可以教会你保持专注。每件事都是成长的机会——抓住它。

准备

在你必须做的事情上，要现实；在你决定要实现的目标中，要清楚：

› 你需要做什么；
› 你目前在该领域的技能水平；
› 你接下来的改进步骤。

无论你是否在正式地做这件事，你都可以：

› 确定你关注的领域；
› 以 1~10 的等级表示你的技能水平；
› 制订一个行动计划，在每个领域的水平上至少提升一个等级。

你要知道你在哪里及你需要做什么，然后去做！

> **实 践**
>
> 确定你的下一个目标并向它迈出一小步。

蓬勃发展

　　有时候，你会觉得这是一项吃力不讨好的任务，但如果你信任它，那么就继续下去。你可能会经常问自己："这值得吗？"也许你已经努力了很久，希望某位特定的客户注意到你，希望获得晋升，希望发展你的事业。你已经付出了努力，你已经完成了所有的个人发展目标，但你仍然感觉目标像刚开始时一样遥远。请记住，你不需要每个人都看到你，只需要合适的人就行（而那个合适的人可能不是你一开始考虑的那个人）。要想保持坚强，就看看小的胜利，看看你的团队成员说"谢谢"的次数，对他们在你的领导下取得的成就报以微笑。你的行动在你的生活中创造了积极的环境，在你的世界的一角建立了良好的关系，这是值得的。

实践

　　实践并继续前进。

笔记

我做了什么　　　　　　　　　　　　日期

反思（日后）

我的想法现在发生了怎样的变化

结语：韧性领导力

我们都会养成某些习惯，你的习惯是什么？它会持续多久？它会产生什么影响？这是你的选择。

韧性练习将会使你欣赏这个世界的本来面目，同时认识到它并不总是要保持这种状态。它需要你拥抱脆弱，同时能够承受失败或失望。不断学习和韧性成长总是比完全僵硬地站立更有活力。无论你多么坚强，韧性练习都会因为你的卓越而带给你成功的力量，它甚至可以被看作正念疗法的反面——接受痛苦的积累，最终达到解脱。

我强烈建议你使用本书中提及的技巧，在你选择的领域做出持久的改变，而不是袖手旁观或简单地做出回应。激励那些你支持和重视的人，找到他们并与他们合作，实现共同成长。韧性使你能够更清晰地思考，更明智地做出选择，即使是在承受压力和需要适应的情况下，你也可以做得很好。

请记住，韧性与正念是相辅相成的。为了生存，我们应当更好地认识到自己的价值观、需求及目标。我们要认识到我们周围哪些品质是需要培养的，哪些情绪可以释放，使其不再成为我们的负担，从而留给我们空间和精力去实现我们真正的愿望。与其说是简单地做，不如说是正念拓宽了我们的思维。以韧性为目标，我们可以做得更好。

事实上，当我们知道自己想做什么及如何去做时，我们总是更有动力。劳勒（Lawler）说，我们的动力基于两点：（1）我们对选择的偏好；（2）我们的期望。你会注意到，本书中的所有练习都在敦促你采取行动，同时它们都是以思考为基础的。

建立韧性比节省公关费用、良好的市场营销等举措带来的回报更大，原因如下。

（1）韧性意味着生存——即使是在艰难时期。你已经在团队中植入了价值观，通过这些价值观，你吸引了其他可以提供帮助的人，并且有了灵活的心态，这样适应艰难的时期就会变得更加顺畅，你已经为挑战做好了准备。

（2）韧性让你在精神上和情感上足够强大，帮助你在危机后重建。即使你的团队成员已经筋疲力尽，即使他们可能不得不适应，即使你可能还需要一段时间才能看到成果，但你会相信自己的方法是正确的，并坚信自己会不断前行。

（3）韧性使你能够蓬勃发展。因为你一直在以一种积极主动的方式生活和掌控自己的道路，你已经准备好了抓住机会，并且拥有创新的想法，甚至有一系列选择。如果你只是回应，那么你就总是在追赶他人。

采取有效的行动，做出明智的选择

有韧性的思考者正在提前采取行动，如果有必要，他们会迅速做出改变，并且超过他们的竞争对手。

你可能会发现，事情会发生变化，尤其是在危机之后。你可能不得不匆忙地把应急计划落实到位，现在你可以停下来，思考什么是长期有效的方案。虽然你不能预测一切，但你可以做好适应的准备。

补充能量

不要低估补充能量的重要性。为自己安排时间，积极开展一些活动——无论让你感到有成就感的活动，还是让你感到放松的活动，或者只是让你感觉良好的活动。

下面这项练习将使你能够用正念、韧性和同情心三个重要的部分支持你的所有行动，这三个部分是我们的关键驱动力。

- 集中注意力。在你做决定之前，努力将注意力集中在这一行动上。不要因为分心而低估自己。

- 明确意图。记住你的价值观，并确保它们是你做出任何选择的基础。想明白你打算做什么，问问自己：这一行动会实现这些目标吗？

- 关注相关内容。做一次心理上的风险评估，关注相关的警告和担忧，同时关注其他人，但不要让他们影响你的选择。

- 考虑什么事情对所有相关人员都是最好的。永远记住你的团队、社区或更广泛的外部网络中那些你希望或需要依靠的人。

- 参与并实施。行动是一切事物的基础。

> 韧性意味着，无论你的过去如何，只要你反思、重塑和改写，你就能拥有现在，创造未来。

韧性是你和你的组织的核心，而不是额外的东西。它始于内部，并通过你做什么、如何做及与谁一起做得以延伸。最后，我建议你认真了解你的价值观，正视你的弱点并设定你的目标，然后为你的组织做同样的事情，走出去，在你周围的团队、社区和网络中成功地、可持续地、相互关联地践行这些价值观！